自分の考えを「5分でまとめ」「3分で伝える」技術

和田秀樹

中経の文庫

まえがき

「話がうまい人」と「うまくない人」、理解力や読解力の「ある人」と「ない人」、あるいは情報をちゃんと人に「伝えられる人」と「伝えられない人」では、何が違うのでしょうか？

わたしは、その違いの**もっとも重要なポイントは、情報や自分の考えを「まとめる力」の有無にある**のではないかと考えています。

「まとめる力」があれば、自分の考えを簡潔に伝えることができるので、話がわかりやすくなるし、まとめただけでは味気ないという場合でも、まずまとまった話をしたあとで、たとえ話を持ってくればいいだけになります。

「まとめる力」があれば、筋道も脱線しにくくなり、理路整然とした話にも面白い話にもなりやすいのです。

また、人の話を理解するにしても、「まとめる力」があれば、要点を上手にまとめることができるので、相手の話を覚えやすくなり、情報や知識がよく理解できるようになります。

読解力というのも本質的には「まとめる力」のことです。著者の言いたいことをまとめ、要点はこれで枝葉はこれという区別がつけば、少なくとも本の内容は理解したことになります。

ただ、日本の国語教育においては読解力というと、登場人物の心情を理解する「心情読解」のことと考えられていたので、それを身につけるのはとてもむずかしかったし、結果としてきちんと「まとめる力」のトレーニングを受けてこなかったことになります。

つまり、「まとめる力」というのは、人と人とのコミュニケーションにおいても、読書の理解の上でも重要な能力だというのに、これまで日本人はそれをろくに学んでいないのです。そして

「まとめる力」がないから、「伝える技術」も身につけられないのです。

これが日本の国語教育の欧米のそれとの違いとされていますし、日本人は論理的でないと言われる元凶となっているのです。

わたし自身、大学生のころに雑誌のライターのアルバイト（それなりに稼いでいましたし、締め切りにも追われていたのでプロのつもりでしたが）をして、わかりやすくまとめるということを、口を酸っぱくするほど要求されました。

また、その後も留学先や、あるいは日本に帰ってきてからの文筆業や講演生活によって、まとめる能力は十分磨かれたと信じています。

「まとめる力」がつけば、レポートも、スピーチもうまくこなせるようになるはずです。

そこで、今回、わたしなりに身につけた「まとめる力」「伝える力」のノウハウを公開して、読者のみなさんにも、この大切な能力を手に入れてもらおうと考えました。

まとめる能力というと、レベルの高い能力と思われがちで、ちょっと身につきそうにないとあきらめている人もいるかもしれません。

逆に、自分には「まとめる力」くらいあると自負している人もいるかもしれません。

でも、わたしの経験から言わせてもらうと、生まれつきよほど頭のいい人でないかぎり、意識的にまとめる習慣をつけないと、なかなか身につくものではありません。

しかし、

トレーニングをしたり、まとめる習慣を持てば、たいていの人が身につけられる簡単な技術でもあるのです。

本書を通じてその能力を身につけ、自分の考えをまとめるときや、仕事や、またはそれ以外のときでも、周りの人々とより実りのあるコミュニケーションをはかるために、役立ててください。

著者

自分の考えを「5分でまとめ」「3分で伝える」技術

目次

序章

「まとめる力」と「伝える技術」を学んでこなかった日本人

日本人の読解力はなぜ低下したのか …028
「なんとなくわかった」ままでは「まとめる力」が身につかない …030
日ごろから、メモを取る習慣が身についていますか？ …033
話のポイントを「まとめる力」があって、初めて人に「伝える力」が発揮される …035
5分でまとめ、3分で伝えよう …038

第1章

口下手・話下手は克服できます

① ケネディ大統領は、スピーチ下手だったと聞きますが…… …042
彼は何度もリハーサルして話下手を克服しました

② 口下手・話下手で損ばかりしているのですが…… …044
「口下手な人＝いい人」と勘違いしていませんか？

③ わたし、「言っていることが誤解されやすい」のですが…… …045
結論を出すのが遅すぎませんか？

④ 「わかってもらえたはずなのに、どうして」 …046
それはあなたの思い込みにすぎません

⑤ 「ストレートな言い方はちょっと苦手」 …047
相手にとっては、曖昧なことばこそ迷惑なのです！

⑥「話が短すぎてぶっきらぼうと言われますが」……048
ぶっきらぼうでいいから「大切なこと」は最初に言おう
⑦「気の利いたことが言えなくて」……049
いきなり巧みな話術をめざさなくていい
⑧「話が面白くない」と言われる……　……050
まず正確に伝えることが大事です
⑨話に個性やオリジナリティがないと言われますが……　……051
「まとめる力」がつけば自然に備わってきます
⑩「長い話が苦手です」……052
「まとめる力」がないだけでしょう
⑪「スピーチが苦手」……054
堂々と原稿を読めばいいんです
⑫話がとりとめなくなってしまうのですが……　……056
「いちばん言いたいこと」は何かを確認すること
⑬口数は少なくても印象に残る人がいる……　……058
「イエス」「ノー」がはっきりしているからです

⑭「話の方向が見えないとよく言われます」…059
まず結論を言おう。これが鉄則
⑮上司として的確な指示が出せないのですが………060
何が問題なのかが曖昧になっていませんか？
⑯「これだけは言おう」で自分の考えは5分でまとまる…062
面白くなくてもいいから、正確にはっきりと言おう

第2章 日々「まとめる力」のトレーニングをしよう

①読んで「わかった」で終わりにしないこと…064
「どうわかったか」を自分で説明してみよう

②「ここまで、ちょっとまとめてみよう」…066
そんな気持ちが「読解力」を育てます
③「なんて書いてあった?」…067
親が子どもに質問することを自分にしてみよう
④「まとめてみよう」と思うと………068
どこが大事なポイントなのかわかってくる
⑤あわてると「まとめる力」が逃げていく…069
すぐできる本の二度読みのコツ
⑥読んでも内容に頭が残らない…070
読んでもまとめようとしなかったからです
⑦まず読書の「素通り」を防ごう…071
そのためにもマーカー、付箋は必需品です
⑧目的がはっきりしているなら「通読」はしなくていい…072
「本は丸ごと読まなくちゃ」という考えを捨てよう
⑨部分熟読で「まとめる力」を鍛えよう…074
一部がわかれば全体がつかみやすくなる

⑩ **部分熟読して部分情報を鍛える** …075
本から本へと横断してその情報を豊かにする
⑪ **携帯メールはよく「まとめている」つもりですが……** …076
とんでもありません。思考停止、要約停止しているだけ
⑫ **感情をストレートに出してしまうのですが……** …077
「まとめる力」がどんどん弱くなりますよ
⑬ **メールには自分の感情との「時差」が生まれる** …078
送ったあと激しい後悔に襲われることがあります
⑭ **電子メールに必要なのは相手への「配慮」** …080
自分中心になりがちだから要注意！
⑮ **なんのためにまとめるのですか？** …081
おたがいに理解し合うためです
⑯ **他人の話をちゃんと聞いていますか？** …082
「まとめる力」は「聞く力」から始まるのです
⑰ **30分かけて読んだことを5分でまとめてみる** …084
読書は30分に一度、立ち止まろう

第3章

大事なことはメモする習慣をつけよう

①「メモ」をもっと身近な習慣にしよう …086
「書く力」はメモから始まる
②「書く」ことは「立ち止まる」こと …088
踏みとどまって大事なことをまとめてみよう
③「書く」ことで質問する力がつく …089
相手の意見を要約する習慣を育てよう
④「わからないことは聞く」 …090
それが頭の中を整理するコツ
⑤短く「まとめる力」が、長く「ふくらます力」を生み出す …092
コンテをつくる力が備わればどんな長文でも書ける

⑥ メモはストックができる …094
しかも、いつでもどこでも取り出せる財産
⑦ ストックしてあるメモが思いがけない成果を生む …095
問題解決の糸口を与えてくれる
⑧ 情報整理・脳内整理に役立つ「コーネル式ノート作成法」！ …096
勉強もどんどんはかどる
⑨ 込み入ったトラブルも書き出せば単純化できる！ …098
自分がいま何をすべきかがわかる
⑩ 「書く」ことは自分を客観視すること …099
話がとりとめのない人はぜひマスターしてください
⑪ 議論を仕切るのは「まとめる力」のある人 …100
メモ力で、あなたは主役！
⑫ ボールペン一本持たない会議は、何も生まない …102
プリントされたものよりメモを大切にしよう
⑬ コメント風にまとめてみる …103
そんな気持ちが「まとめる力」を鍛えてくれます

⑭ 5W1Hは、書くことの原則 …104
長い文章もこれがあれば、とにかく書き出せる

⑮ 5W1Hがあれば説得力が生まれる …105
報告書、レポートに客観的な事実を取り込む

第4章

意見を伝えるために、自分の「ひな型」を持とう

① パリのアパート管理人の攻撃パターンに学ぶ …108
日本人留学生はひとことも反論できなかった！

②「論理」で押し切る外国人 …110
「情緒」でごまかす日本人
③気分や感情でものを言うのが日本人 …112
だから、テレビ討論もしっちゃかめっちゃか！
④義務教育で要約トレーニングをしてこなかった日本人 …113
だから大学のレポートで苦しむ
⑤相手に気を遣って失敗しない方法 …114
「これがわたしの言い方だから」と割り切ろう
⑥うまく話すことより、型どおりに話すこと …116
言いたいことが言えるようになる！
⑦ダラダラしゃべるのは「型」がないから …117
5W1Hだけでも自分の型はつくれます
⑧前置きの長い話は損 …118
人の話を5分と聞けない人間が増えているから
⑨「型」を持てば、部下の話も上手にまとめられる …119
できる上司はここを外さない！

⑩「～と思っているのでしょうが」で始める …120
「じつは～です」とまとめるとよい
⑪「ひな型」は一度持ってしまえばあとが楽 …122
テーマにかかわらずなんでも「話せる」「書ける」
⑫きちんとした「ひな型」でなくていい …124
繰り返しているうちに育つ「伝える技術」
⑬「型」がしっかりしていれば講演もできる！ …125
人に聞かせるコツを覚えよう
⑭自分の「ひな型」を持てば、感情的にならずに済む …126
しっちゃかめっちゃかの議論からサヨナラしよう
⑮自分の意見の弱点がわかってきたらやること …127
「ひな型」を修正しよう
⑯基本の「ひな型」を使えば3分で話せる …128

第5章

「なぜ？」を忘れなければ「まとめる力」が育つ

① いつも「なぜ？」と自問してみよう …130
質問できればもっといい
② 「なぜだろう？」で曖昧さが消えていく …132
イメージ優先だけでは話の本質が見えてきません
③ 「そういうものさ」と考えてしまうのは思考停止 …133
いつの間にか説明できないことが増えてくる！
④ 「なぜだろう？」で問題点がはっきりしてくる …134
すると、何から手をつけるべきかがわかってくる

⑤「上司の意見なら黙って従うのですか?」……136
「まとめる力」は話にスジを通す力でもある
⑥「なぜ?」と問わない人が好かれる日本社会……137
「まとめる力」をどんどん奪われる
⑦「なぜ?」と問えば、集中力が高まる……138
将来を先取りすることも可能になる
⑧「なぜ?」と問うと核心に迫れる……140
どうでもいい情報に振り回されないコツ
⑨「なぜ?」があって判断力が鍛えられる……141
「なぜ?」がない人の判断は甘い
⑩「なぜ?」と問わない人は、他人の言いなりになる……142
誰かに簡単に「まとめられてしまって」いいのですか?
⑪記憶力だけではこの社会は乗り切れない……143
「なぜ?」から始まる考える力こそ大切
⑫「なぜだろう?」で相手の心理が読めてくる……144
他人のニーズをまとめることができるようになる

⑬「なぜ?」は他人と共感する力を生む …145
「そうだったのか」でわかり合う関係になる
⑭自分にも「なぜ?」と問いかけよう …146
自己を客観視することは「まとめる力」の基本です
⑮オリジナリティは「なぜ?」から生まれる …148
素人の「なぜ?」を恥ずかしがらないこと

第6章 「インターネット」や「交渉ごと」に強くなる

① インターネットは便利だけど…… …150
コピー&ペーストだけではまとめたことにならない
② 「コピペ社会」には危うさがある …151
「なぜ？」と問う力が奪われていく
③ インターネットは受信に偏りがち …152
もっと身近な〝送受信〟のチャンスを思い出してください
④ 生身の人間はそれだけでたくさんの情報を与えてくれる …153
それが「まとめる力」を鍛えてくれる
⑤ 人と話すことこそ「まとめる力」のトレーニング！ …154
そのとき「伝える力」も同時に磨かれていく
⑥ あなたの話を聞いてくれるのは誰ですか？ …155
そこに気づくことが大切です
⑦ まとめ上手は聞き上手 …156
「この人が求めているのはこんなこと」と受け止められるか
⑧ 「まとめる力」は共感能力を育てる …157
コミュニケーションは「まとめる力」から始まるのです

⑨ 最初に悪感情を持ち込まない …158
「まとめる力」も「伝える力」もなくなってしまう

⑩ 「クレーム」を「難クセ」と感じるのはどんなとき？ …159
相手に悪感情を持っているときです

⑪ 「誰が言ったか」ではなく「何を言ったか」が大事 …160
人の話をちゃんと聞いていますか？

⑫ セールスも交渉ごとも楽しんでしまおう …161
人とことばでやり合うことが「まとめる力」のトレーニング

⑬ メモと「ひな型」はここでも大切 …162
雰囲気に流されないための作戦を立てよう

⑭ なぜセールスのトークに引っかかるのか？ …164
相手は自分にマイナスの話は絶対しない！

⑮ 自分が一番欲しい情報にマトを絞れ …166
セールスマンとやり合うコツ

⑯ 自分を「カリカチュアライズ（漫画化）」してみよう！ …168
いつも冷静でいられるコツ

⑰「交渉ごと」は5分聞いて3分話す気持ちで …170
相手の話を聞きながら、要点をまとめておこう

第7章 「わかりやすさ」を心がけて「まとめる力」を鍛えよう

①早く「落としどころ」を見つけること …172
そんな「まとめる力」のある人が周りを納得させる
②スピードが要求される時代 …174
リーダーには「わかりやすさ」が欠かせない
③わかりにくいとどうなるか？ …175
結局、「ことなかれ主義」に戻ってしまいます

④「とにかくやってみよう」と言える人がいい …176
そこからすべてが始まります
⑤リーダーの資質とは …177
「この人に任せれば解決してくれる」と思わせる人
⑥よいリーダーはなぜか聞き上手！ …178
「まとめる力」のある人は「受信能力」が高い
⑦「起承転結」はかならずしも実用的ではない …180
わかりやすい話はむしろ「起・結・転・承」になる
⑧聞き手に「わたしだったらどうするか」と考えさせる …182
体験を共有させるコツ
⑨対話型の話の進め方が「わかりやすい」 …183
話の小さな区切りに「どう思う？」と聞いてみる
⑩相手の反応を見ながら話を進めよう …184
話の「わかりにくい」人は、相手の反応を気にしていない
⑪聞き上手にはコツがある …185
相手の心理を的確につかめ！

⑫「わかってもらいたい」と「わかってあげたい」…186
よい人間関係の基本です
⑬コフートの三つのニーズって何？…187
「ほめられたい」「頼りたい」「同調してほしい」が大切
⑭「あの人の言うことはよくわかる」と言われるには…188
「わたしにはわからない」はどこから来るか？
⑮「どうして自分のことがわかってもらえないんだろう」…189
この悩みは克服できる！

序章

「まとめる力」と「伝える技術」を学んでこなかった日本人

日本人の読解力はなぜ低下したのか

小学生の書く読書感想文は、ほとんどの場合は、本のあらすじを説明しただけで終わってしまいます。最後に一行か二行、「とても面白かったです」とか「わたしもやってみたいです」とかいった感想が入っておしまい。

けれどもこういう読書感想文を先生はほめてくれません。

「これはただのまとめでしょ。本の内容を書くんじゃなくて、あなたがどう感じたかを書くのよ」

先生はかならずそう言い、もっと自分の感想をくわしく書くように求めます。みなさんも小学生のころにそういった経験があるかもしれません。

小説や伝記や物語を読んで、その内容をまとめることよりも、自分がどう感じたかを書くように教えられる。これが日本の国語教育です。

ある意味で、これはとてもレベルが高いことです。

それと比べて、まとめるぐらいのことは誰でもできるし、できて当たり前だと思われています。

一方、外国では、長い文章や論文を読んで「内容をまとめなさい」という教育になります。「まとめる力」をしっかり身につけさせようとします。そうしなければ「読解力」が育たないと考えられているからです。

その点、日本の国語教育はなぜか楽観的です。

「日本人なんだから、日本語の本や新聞ぐらい放っておいても読めるようになるはずだ」という先入観があります。「まとめる力」なんか特別に鍛えなくても、読解力は自然に身につくはずだ。それより文章の中の情緒や、登場人物の心理を理解できて、自分の感想を持つことのほうが大事だと教えるのです。

ところが、すでにOECDの調査では、日本人の「読解力」は世界の平均より低くなっています。「放っておいても自然に身につく」はずの読解力が、じつは身についていなかったし、どんどん低下しているのです。

これは、「まとめる力」の軽視にも原因があるはずです。国語教育の早い時期から、読んだ本のあらすじを書いたり内容をまとめるといった、基礎的な勉強が軽視されてきたことと無関係ではないはずです。

先生に「これはただのまとめでしょ」と言われた子どもは、「まとめる力」を誰にでも備わっている平凡な力と思ってしまいます。

その力は、大人になった現在の自分にも当然、備わっているものだと信じています。

そこに、大きな誤解があるのです。

「なんとなくわかった」ままでは「まとめる力」が身につかない

「まとめる力」は意識して勉強しなければ身につきません。できて当たり前ではなく、訓練することで初めて身につきます。

けれどもたいていの人は、本も読めるし新聞も読めます。長い文章もスラスラと読めます。そのことで自分には「読解力」が備わっていると思ってしまいます。

でもほんとうにそうでしょうか？

たしかに文字を目で追えば文章の意味はわかります。**でもその内容をきちんと要約できるでしょうか？「これはつまり、こういうことなんだな」と自分の頭の中でまとめることができるでしょうか？**

ほとんどの場合は、「なんとなくわかった」で済ませてこなかったでしょうか。「なんとなくわかった」だけで、すべてわかったことにしてしまう。そんな傾向はなかったでしょうか。

誰かの話を聞いているときも同じです。

相手の言うことがなんとなくわかれば、「わかった」気分になってしまいます。講義や講演を聞いているときもそうです。「うん、うん」とうなずいている間は「わかった」気分になっています。

ところが、その講義や講演が終わってから、「いまの話をまとめてみなさい」と言われたら、まず無理です。

印象に残っているエピソードは思い出せても、ポイントを絞って話をまとめることはできません。「わかった」気分というのはまったく当てにならないのです。

そしてここでも、「まとめる力」への油断や慢心があります。

「なんとなくわかった」だけで、文章や話を理解できたつもりになっている。理解できたのだから、まとめることぐらい簡単だと思っている。でもやってみればできない。

つまり「わかってない」のです。

これは自分の意見や考えについても言えるはずです。自分が何を言いたいかぐらい、わかっている。だからそれをまとめるのは簡単だと思っている。

ところが、いざことばにしてみるとうまくまとまらない。書いてみてもなかなかまとまらない。ということは、自分の意見や考えがまとまっていないということです。なんとなく言いたいことがあるだけで、それを頭の中でしっかり要約できていないということです。

いずれにしろ、わたしたちは「なんとなくわかった」で済ませてしまい、自分に「まとめる力」のないことから目を逸らせてきたのです。それがいまの日本人かもしれません。

日ごろから、メモを取る習慣が身についていますか？

相手の意見をまとめる、授業や講義の要点を押さえる、自分の意見をわかりやすく述べる……そんなときに役立つのがメモです。

手帳やメモ帳でもいいし、資料の片隅だっていいでしょう。「ここがポイントだな」と思ったら内容をメモしておく、テキストの該当箇所にマーカーを引く、疑問点も短く書き込んでおくといった作業はとても有効です。

自分の意見を発表するときや、スピーチを頼まれたときにも、前もって要点をメモしておけばわかりやすく話せます。

肝心なことを言い忘れたり、話があちこちに飛ぶこともなくなるでしょう。それになんと言っても安心です。

こうして書き並べてみると、他人の話を聞く場合も自分が話す場合も、メモがあるととても便利だし、「まとめる力」を大いに助けてくれるとわかります。記憶も理解

も助けてくれるし、いいことだらけなのです。

それなのに、メモを嫌う人がいます。

たとえばメモを片手にスピーチするなんて格好悪いとか、相手の話をメモするなんて「頭が悪そうに見える」とか考える人たちです。

たしかにスピーチの上手な人はメモなしで巧みに話します。ディベートやディスカッションの得意な人も、相手の論理を的確にとらえて反論します。そういう姿はいかにも余裕があって、頭の回転も早そうで、格好いいです。

でも、それのできない人がメモの用意もしないでスピーチをやってもうまくいきません。講義や講演を聞いても内容が記憶に残らないし、質問や反論を試みても議論が噛み合いません。

うまくいかないときには、うまくいくような方法を考えるのは当然のことです。たとえば結婚式のスピーチで、持参した原稿を読みながら話す。これは格好悪いことでしょうか。

そんなことはありません。落ち着いた態度で、祝福のことばをはっきりと口にできる人は素敵です。ウケ狙いのエピソードを並べ立て、話がまとまらなくなってしまう人よりはるかに好感が持てます。

そして、ここでもわたしたちの「まとめる力」への過信を感じてしまいます。相手の話していることぐらい、意味がわかる。自分の言いたいことぐらいわかっている。だからどういう内容なのか理解しているし、順序立てて話すこともできる。そう思い込んでいても、いざとなればできません。

相手の話はまとめられないし、自分の言いたいこともまとまらないのです。メモの用意が格好悪いと思っている人は、そこがわかっていないのではないでしょうか。

話のポイントを「まとめる力」があって、初めて人に「伝える力」が発揮される

本を読んでいると、「ああ、これは以前に習ったなあ」とか、「あのとき覚えたはずだったけど」とか思うことがあります。こういう経験は、社会に出て、ある程度の年数が経った人なら誰にでもあるはずです。

たしかに習ったはずのことが出てこない。覚えたはずのことを忘れている。これはとても悔しいし、もう一つ踏み込んだ言い方をすれば、「もったいない」ことです。なぜなら、せっかくたくさんの知識をつめ込んだのに、それが記憶として残っていないからです。そして、そうなってしまう原因にも「まとめる力」の欠如が挙げられるのです。なぜなら、

「まとめる力」と「伝える力」はセットになっているからです。

よく言われることですが、知識をしっかりと身につけるためには、つめ込むだけでなく、それを発信する作業が大切になります。「入力」だけでなく、「出力」があって初めて知識が生きてきます。

さまざまな機会をとらえて自分が学んだことをしゃべってみる、発表してみる、あるいは書いてみるといった作業が欠かせないのです。

けれども「まとめる力」がなければ、つめ込んだ知識をきちんと筋道をつけて話すことができません。

言いたいことがあって、それがのどまで出かかっているのに、どう話していいのかわからない。他人の意見を聞いて、「ちょっと違うんじゃないかな」と思っても、で

はどこがどう違うのか自分の考えをまとめ切れない。そういった「まとめる力」のなさが、「伝える力」を奪ってきたのではないでしょうか。

その一方で、わたしたちは知識をつめ込む作業だけは怠りません。日本人は勉強好きで、本や新聞や雑誌をよく読むし、インターネットでさまざまな情報を集めるのも好きです。

だからつめ込んだ知識や情報を「まとめる力」さえあれば、自分からたくさんのことを発信することだってできるのです。「伝える力」も次第に身についてくるのです。

そうなったときに、あなたは大きく変わります。ビジネスやさまざまな人間関係にも自信がついてくるし、周囲のあなたに対する評価も変わります。本だって書けるかもしれません。ひとことで言えば、「胸のつかえ」が取れるはずです。あなたは「堂々とした人間」になれるはずです。

5分でまとめ、3分で伝えよう

少ない人数でも、あるいは大勢の人間と一緒のときでも、わたしたちは相手の話を聞き、その内容をまとめ、さらには自分の考えもまとめ、それを伝えなければいけません。伝える場合にも、できるだけ正確に、わかりやすく伝えなければいけません。

これはとても目まぐるしい作業です。まして、わたしたち日本人は「まとめる力」も「伝える技術」もきちんと学んでこなかったのですから、うまくできない人がいても不思議ではありません。

けれども、それのできる人がいます。

「あの人はわたしの考えをちゃんとわかってくれる」とか、「あの人の話すことはいつもわかりやすい」とか感じさせる人がいます。

しかも、素早くやってくれます。こちらの込み入った長い話でもきちんと理解して適切なアドバイスをくれる人。ときには矛盾点や疑問点を鋭く突いてくる人。何人もの話を聞きながら、それぞれの要点をまとめて自分の考えを話し、上手に問題を解決させる人。

あるいは報告書や論文、レポートなどでも、自分の考えを整理して全体の骨組みをつくり、長い文章を一気に書き上げる人がいます。プレゼンテーションや交渉の場などでも、冷静に自分の論旨を展開して周囲を説得できる人がいます。

そういった人たちは、どんなに込み入った場面でも、自分の考えを短い時間でまとめ、正確に伝える技術を持っています。だからどういうときでも落ち着いています。あわてふためいたり感情的になることもありません。まさに、堂々としているのです。

そして、正直に言えばあなたもそういう人間に憧れるはずです。自分の口下手をなんとかしたい、まとめる力や伝える技術を身につけたいと考えるはずです。

そこでこの本では、「5分でまとめ、3分で伝える」技術について考えてみます。あわただしい意見のやり取りに5分は長すぎるかもしれません。3分はまどろっこしいかもしれません。

けれども、5分でまとめ、3分で伝えることができれば、「まとめる力」と「伝える技術」の基本はできたことになります。いまはまとめること自体が思うようにいかないし、伝えることをあきらめているのですから、とても大きな進歩と言えるはずです。

「5分でまとめ、3分で伝える」技術が身につけば、どんな相手に対しても、どんな場面でも、気後れしなくなります。そこから先は慣れです。場数を踏めば時間はさらに縮まります。

瞬間、瞬間で自分の考えをまとめたり、相手とのことばのやり取りをまとめることができるようになります。

この本は、わたしがいままでに経験してきたさまざまなことをベースにして、読んでいるうちにじわじわと「まとめる力」や「伝える力」が湧いてくるように書いてみます。二つの力を存分に備えた自分を想像しながら、読み進めてください。

第1章

口下手・話下手は克服できます

01 ケネディ大統領は、スピーチ下手だったと聞きますが……

彼は何度もリハーサルして話下手を克服しました

「あなたの国家が、あなたのために何をしてくれるかではなく、あなたが、あなたの国家のために何ができるかを問おうではないか」

これはアメリカの三十五代大統領となったJ・F・ケネディの大統領就任演説の一節です。

とても有名な一節ですから覚えている人もいるかもしれません。当時（一九六一年）、アメリカ国民は四十三歳の若さで登場した新しき大統領のこの演説を聞いて、体の芯まで熱くなるような深い感動を味わったといいます。

けれども、じつはケネディは話下手だったそうです。

自分がスピーチが下手なことをよく知っていて、それだからこそ演説にはスピーチライターを重用し、原稿を何度も読み込んでリハーサルも入念に行なったといいます。

アメリカはちょうどそのころ、テレビが広く普及して国民は画面を通して大統領の姿や演説に接することができました。ケネディは、このテレビを十分に活かして自分の若さと情熱をアピールしたのです。

数々の名演説で国民の心をとらえた人間が、じつは話下手だった。

そして、その話下手、口下手を努力して克服しようとした。

この事実を、読者のみなさんにはまず知ってほしいと思います。

「まとめる力」や「伝える技術」は、誰にでも生まれつき備わっているものではありません。むしろ、どちらも不十分な人が多いのです。

にもかかわらず、簡潔にまとめ、魅力的に伝えることのできる人がいます。それはその人たちが特別なのではなく、つねに「まとめる力」と「伝える技術」を磨いてきたから可能になったのです。

そのことを理解してもらえれば、どんな人でもあきらめない気持ちになるはずです。

「わたしはまとめる力がないからダメ」ではなく、だからこそ「まとめる力」を身につけようという気になるはずです。そこをスタートとしましょう。

02

口下手・話下手で損ばかりしているのですが……

「口下手な人＝いい人」と勘違いしていませんか？

日本人には昔から理論的にスラスラ話す人間を敬遠する雰囲気があるようです。「あの人は弁が立つから」とか「あの人にはいつも言いくるめられてしまう」といったことばの中には、論理的な「あの人」への否定的な感情が込められているのは事実です。

逆に、口下手は決して恥ずかしいことではなく、むしろ誠実さや正直さの表れと受け止められることがあります。口下手はいい人の証しというわけです。

でもそのことと、口下手な自分を甘やかすのは別問題です。

口下手は、はっきり言って損です。言いたいことが言えない、自分の考えや意見をまとめられないというのは、議論や交渉の場では相手の言いなりになることですし、願いや要求を伝えられないということは、相手に無視されるということです。

03 わたし、「言ってることが誤解されやすい」のですが……

結論を出すのが遅すぎませんか？

自分を口下手・話下手だと思っている人は、その原因を性格的なものだと考えがちです。目の前の相手に自分の気持ちをはっきりと言えない。言えば気を悪くするかもしれない。だからつい、曖昧な言い方になってしまい、結果として誤解されてしまう。そういうことがたび重なると、自分が誤解されやすいのは性格が気弱だからで、つい相手に合わせてしまうのがいけないんだと思ってしまいます。

気の弱い人ほど相手に合わせがち。たしかにそういうことはありますが、それ以前に、

誤解をされるような話し方をしていないでしょうか。返事や結論をあと回しにして相手の反応を見たり、前置きが長すぎて話題が変わってしまったり、自分から誤解を招くような話し方になっていませんか。

だとすれば、これは「まとめる力」の問題なのです。

04 「わかってもらえたはずなのに、どうして」

それはあなたの思い込みにすぎません

自分の口下手・話下手を許してしまうと、言いたいことが相手に伝わらないときには相手のせいにしがちです。

「あんなにイヤだって言ったのに、結局、わたしに役目が回ってくるんだ」と思うときは、自分の気持ちを汲んでくれなかった相手をつい恨んでしまいます。

でも、そのときに「わかってもらえたはずだ」という思い込みはなかったでしょうか。

「これだけ態度に示したんだから、わかってくれただろう」という相手への期待感です。この期待感は、口下手を自認する人ほど強いようです。

ことばは遠回しでも態度に示せば相手はわかるはずだと、つい考えてしまうからです。つまり、口下手を直さなくても相手はわかってくれるはずだと期待してしまうのです。

05 「ストレートな言い方はちょっと苦手」

相手にとっては、曖昧なことばこそ迷惑なのです！

口下手な人は〝心のやさしい人〟という言い方もできます。頼まれたことを断る場合でも、どういう言い方が相手を傷つけずに済むかをまず考えます。これはこれで、大切なことでしょう。

しかしあまり気を遣いすぎると、そのことでかえって相手を傷つける場合がありま す。何かの協力をお願いされた場合でも、「いいプランですね」とか「やってみたいですね」とか、まず相手の提案を支持するような口ぶりになってしまいます。

でも結局、「できません」という結論になるのですから、相手にしてみれば「それなら早く、ハッキリ断ってくれよ」と言いたくなります。

結論とその理由を先に言ってもらったほうが、相手もつぎの行動に移りやすいのです。曖昧なことばは、時間のムダになるだけです。

06

「話が短すぎてぶっきらぼうと言われますが」

ぶっきらぼうでいいから「大切なこと」は最初に言おう

口下手・話下手にも二つのタイプがあります。

話がしどろもどろで、何を言っているのかわからないタイプ。

話があんまり短すぎて、無愛想なタイプ。

どちらがいいかというと、後者です。無愛想だろうがなんだろうが、話が早くて結論がはっきりしているからです。こういう人が「イヤだ」と言えば、口説いても頼んでもムダだし、こういう人が「いいよ」と言えば、あとは任せておいていいのです。

口下手・話下手な人は自分には論理性がないと思いがちですが、いきなりそういうことまで求めなくていいのです。


いちばん大事なことを短いことばで言う。しかも最初に言う。

少々、ぶっきらぼうに思われても、確実に理解されます。

07

「気の利いたことが言えなくて」いきなり巧みな話術をめざさなくていい

スピーチでもそうですが、わたしたちは話の上手な人が羨ましくなります。ユーモアやウイットがちりばめられている。たとえ話がとてもユニークだ。話題のニュースや情報が取り込んであって、飽きさせない……。

そういった話術の巧みな人に、口下手・話下手な人はつい憧れるし、自分にもできればなあと考えます。

でも、話の上手な人は話術が巧みなだけでなくて、きちんと言いたいことを伝えてくれます。何を話してくれたかちゃんと理解できます。ただ話術が巧みなだけなら空疎な話になってしまうからです。

まず「まとめる力」があって、それプラス話術なのです。

「気の利いたこと」は、ずっとあとから身についたものです。

08 「話が面白くない」と言われる……

まず正確に伝えることが大事です

後半の章で述べますが、「まとめる力」は一つの型を持ったときに楽に発揮されます。

「型」というのは特別なものではなくて、自分が言いたいことを正確に伝えるためのフォームにすぎません。たとえば社内連絡のようなもので、会議の招集でしたら、「いつ」「どこで」「誰が」「なんのテーマで」集まるかをきちんと押さえます。それと同じように、**伝えたいことは「これとこれ」としっかり押さえて、正確に相手に話すことができれば「まとめる力」はついてきます。**

これは当然といえば当然なのですが、実行するにあたっては、誰でも抵抗感があるはずです。

なぜなら、それではあんまり事務的すぎるからです。「わたしの話は、面白くないな」と、ためらうでしょう。でも、「まとめる力」とはそういうものです。

09 話に個性やオリジナリティがないと言われますが……

「まとめる力」がつけば自然に備わってきます

「わたしの話は面白くない」という実感。これもたしかに、口下手・話下手な人に共通する感覚だと思います。

「人を惹きつけるものがない」「個性がない」「オリジナリティがない」……そんな引け目を感じていますから、ますます話すのが苦手になってしまいます。

でも、個性やオリジナリティなんかいりません。そういうものをいきなり求めると、「まとめる力」はますます弱くなります。そこでこういう考え方をしてください。

オリジナリティはゼロから生まれてはきません。

すべて、すでにあるもののアレンジにすぎません。

大事なのはアレンジ力です。

そのアレンジ力をつくるのが、「まとめる力」なのです。

10

「長い話が苦手です」

「まとめる力」がないだけでしょう

若い人の会話は短いことばのやり取りがほとんどです。「マジィ？・」とか「ウソォ！」とか、合いの手が入ればどんどん会話は進んでいきますが、一つ一つのセンテンスはどれもぶつ切れです。

これはゲーム世代や携帯メール世代に共通の現象ですが、大人になっても「長い話は苦手」という人がたくさんいます。誰かが込み入った話や、少し長くなりそうな話を始めると、「ちょっと待って、長い話は苦手なんだ」と打ち切ってしまいます。

聞くのが苦手なぐらいですから、自分でしゃべるのはもっと苦手。どんなに話したいことがあっても、「これを話すと長くなるからやめよう」と思いとどまったり、「話したいけど最後まで聞いてくれないだろうな」とあきらめたりしてしまいます。つまり、自分が長い話を聞くのが苦手だから、相手もイヤがるだろうと考えてしまうのです。

でもそのとき、口下手を言い訳にすることはないでしょうか。「話したいんだけど、どうせわたしは口下手だからうまく言えない」

そう考えてしまうことはないでしょうか。

相手の興味を逸らさずに、自分の話に引き込む自信がない。途中で退屈そうな顔をされると、話すのがイヤになる。そう考えて、つい長い話をためらうことはないでしょうか。

これも言い訳なのです。口下手のせいにしているだけで、じつは「まとめる力」がないだけなのです。

他人の長い話が苦手なのも、「まとめる力」のない相手のダラダラした話につき合わされるからです。

あるいは理路整然と話されても、それを聞いて「まとめる力」がないから退屈してしまうのです。

「まとめる力」があれば、長い話になっても自分の言いたいことを相手にわかるようにきちんと伝えることができます。相手の長い話だって、要点を押さえて理解できるようになります。口下手は性格ではなく、まとめる技術の問題にすぎません。

11 「スピーチが苦手」

堂々と原稿を読めばいいんです

口下手・話下手な人がもっとも苦手とするのはスピーチでしょう。

友人の披露宴で、誰かのお祝いのパーティーで、会社の改まった行事の席で、大勢の視線を感じながらたった一人で何かしゃべらないといけないのですから、いくら事前にわかっていても気の弱い人はその場から逃げ出したい気分になります。

でも、そういう人こそ原稿を用意するべきです。

それも、こそこそ手に隠し持つのでなく、読みやすいように堂々と広げて読んでもかまいません。

口下手・話下手な人がスピーチと聞いただけで気が重くなるのは、原稿を用意してはいけないという思い込みがあるからです。

そういう芸は達者な人に任せておくこと。心を込めた原稿さえあれば、披露宴でもパーティーでもゆっくり楽しめるのですから。

ところで、スピーチで原稿を読むのは悪いこと、という思い込みはどこから生まれてきたのでしょうか。

公式行事で祝辞を述べる人は用意した原稿を読み上げますね。弔辞《ちょうじ》も原稿を用意しますね。少しも違和感はないし、それどころか、おごそかな感じがあって聞いている人も安心です。

たぶん、くつろいだ席でのスピーチは「臨機応変が格好いい」という程度のことなのでしょうが、大勢の人に耳を傾けてもらうのですから、まとまりのないスピーチはそれこそ無礼になるはずです。

だから、自信がなかったらとにかく原稿を用意するのがいちばんです。

そして、原稿を書くというのは「まとめる力」のトレーニングにはもってこいです。

短いスピーチの中に、どれだけ自分の気持ちをきちんと込められるかがポイントになるからです。

12 話がとりとめなくなってしまうのですが……

「いちばん言いたいこと」は何かを確認すること

スピーチが苦手な人は、あれこれ頭の中に話したいことがつまっていても、マイクを手にしたとたんにすべて吹き飛んで、真っ白になるタイプが多いようです。つまり、ほんとうに話したいことがなんなのか、自分で確認できていないのです。

口下手・話下手な人には全体にそういう傾向があって、誰かと話すときでも頭の中にはいくつも話したいことがつまっています。

「これを説明するためにはまず、このことを話さなければいけない。でもこのことを話そうと思ったら、あのことも説明しないといけない」

そんな調子で頭の中で堂々巡りを繰り返しますから、いつまで経っても話のきっかけがつかめません。そんなときも「口下手だから」「話下手だから」とあきらめてしまいます。

ふだんから「いちばん言いたいことは何か」を自分に確認する習慣をつけてくださ

い。

たとえば友人と北海道に旅行して、とてもおいしいラーメンを食べてきた。この旅行はじつは格安の航空券を利用できたので信じられない料金で行けた。一緒に行った友人は三人だったけど、そのうちの一人がホテルで高熱を出して看病が大変だった。

これだけのことを全部、くわしく話そうと思えば、いったい何から話し始めていいのか混乱してしまいます。

でも、「いちばん話したいことは何か」と自分に確認すれば、答えは出てきます。「あのラーメンのおいしさだけはどうしても話したい」

そう思ったら、「おいしいラーメン食べてきたよ。あんなにおいしいの、生まれて初めて食べた」と切り出せます。「どこで?」と聞かれたら(当然、聞かれます)「札幌で」と答えればいいのです。そこから話はあちこち飛ぶかもしれませんが、最後はおいしいラーメンに戻せばまとまります。

つまり話下手な人でも、話のきっかけはつかめるのです。

13 口数は少なくても印象に残る人がいる……

「イエス」「ノー」がはっきりしているからです

口数は少ないのに、その人のことばがいつも印象に残ることがあります。

それとは逆に、口数も多くひっきりなしにしゃべっているのに、印象に残らない人もいます。この違いがどこから来るのかじっくり考えてみましょう。

口数が少なくても印象に残る人は、まず「イエス」「ノー」がはっきりしています。最初に結論ありき、といった話し方をします。

それから「問題提起」をします。

たとえば会議で議論が分かれて方向性が見えなくなったときに、「プランの実行に反対している人はいないんだから、ともかくスケジュールから検討してみないか」といった一歩進んだ提案をします。

どちらも「まとめる力」です。「核心」をわしづかみにする力と言ってもいいでしょう。

14 「話の方向が見えないとよく言われます」

まず結論を言おう。これが鉄則

結論を最初に言うことは、「まとめる力」の基本になります。自分の立場をまず明確にすることで、その後の話にもムダがなくなるからです。

外国人が日本人と話していていちばん困惑するのは、前置き（つまり言い訳）が長すぎて最後まで聞かなければ相手の立場が理解できないことです。一般的な肯定意見をいくつか述べて、つぎに一般的な否定意見をいくつか述べて、最後に「わたしは反対です」とか「賛成です」とか答えますから、最後まで聞かないと、何を考えているかがわからないのです。

それがたび重なると、前置きを話し始めた段階で「あなたはどっちなのか」と質問したくなります。これをやるとたいていの日本人は「いや、だからそれを言おうとしてるんです」と不快な顔になります。

15 上司として的確な指示が出せないのですが……

何が問題なのかが曖昧になっていませんか？

「まとめる力」の備わった上司は、仕事に行きづまった部下に的確な指示を与えることができます。「とにかく頑張れ」とやみくもに尻を叩くのではなく、部下の個性や仕事のやり方に応じて、試してみる価値のある指示を与えます。

それができるのは、一つにはまず、日ごろから部下の報告や相談を聞きながら何が問題なのかを的確に把握しているからでしょう。

部下は部下で、自分にとって都合の悪いことはなるべく言わないようにするし、口にしても少なめに報告します。

すると、ダラダラと長い話になっても肝心なところがぼやけてしまいます。それを見抜くのが、できる上司の「まとめる力」です。部下の話を要約することで、的確な問題提起ができるのです。

ここで大事なのは、この上司が巧みな話術の持ち主でなくていいということです。

口下手であってもいっこうにかまわないということです。

部下にとって信頼できる上司は口数が少なくても指示の適切な上司です。

相談ごとを持ちかければあれこれ自分の経験を話してくれたり、財界著名人のことばを引用したりして、いかにも親身になって長話をしてくれたりする上司もいますが、そういう上司の話こそ部下にとってなんの慰めにもなりません。

それも結局、この上司には部下の話をまとめる力もなければ自分の考えをまとめる力もないからでしょう。

「問題提起」ができる。あるいは自分の「仮説」を打ち出せるというのは、「まとめる力」があって初めて可能になることです。

その力は、たとえ口下手であっても意識すれば身につくものです。

意識しないかぎり、いつまで経っても自信のない口下手で終わってしまいますが、つねに意識して「まとめる力」を鍛えようと思えば、口下手なままでも説得力はかならず備わるものなのです。

16 「これだけは言おう」で自分の考えは5分でまとまる

面白くなくてもいいから、正確にはっきりと言おう

口下手・話下手な人ほど、「わたしの話は面白くないから」というコンプレックスがあります。だから口が重くなるのでしょうが、面白くなくてもいいから正確に、はっきりと伝えるつもりになってみてください。

ポイントは、言いたいことの優先順位です。イエスかノーか、いちばん話したいことは何か、相手が要求しているものは何か。

……答えはすべて、すぐにわかることです。

「これだけは言おう」という答えが出たら、つぎはその補足や説明です。なぜそういう答えになるのか、理由はいくつかあると思いますが、ここでも「これだけは言おう」という理由にとどめてください。以上のことをまとめるには5分もあれば十分です。

いままで失敗してきたのは「あれもこれも言わなくちゃ」と考えていたからで、「これだけは言おう」でいいのです。

第2章

日々「まとめる力」のトレーニングをしよう

01 読んで「わかった」で終わりにしないこと

「どうわかったか」を自分で説明してみよう

わたしたち多くの日本人は「まとめる力」を育ててきませんでした。すでに書いたように、国語教育にも原因があります。でも、そのことでわたしたち自身が「まとめる力」を軽視してしまったことこそ、いちばんの原因になってきます。「わかったこと」はまとめられると思い込んでいるのです。

自分の毎日の習慣を思い出してください。

新聞や本を読んで、「なるほど」と思う。「そういうことか」と納得する。それで終わりです。「わかった」と思っています。

「わかった」のでしたら、まとめることは簡単ですね。あらすじをまとめる。意見や主張の要点を並べてみる。論旨の全体を要約してみる。そういったことは新聞や本から目を離してもできるはずです。

でも、そういう面倒なことはしません。

「わかった」のだから、いまさらまとめる必要はないと考えます。そんな習慣こそ、改めてみてはどうでしょうか。

たとえば新聞には長い論説が載ります。政治や外交、経済、教育、福祉、ときにはスポーツや科学、芸能、社会現象といったさまざまなテーマが取り上げられますから、自分に興味のある論説をつい読み込んでしまうこともあるはずです。

そのとき、論説の趣旨は大きな見出しやタイトルでわかりますから、あとはその趣旨に納得するためか、あるいは反論するために読んでしまいます。

でも論説には、筆者のさまざまな問題提起や視点、意見がちりばめられています。そういうものを、早く結論を読もうとすれば「わかった、わかった」で片づけることが多いのです。そして結論にうなずいたり、反発して終わりです。

では自分で、どこがどう「わかった」のでしょうか。あるいはどうして反発するのでしょうか。

その根拠を説明できますか。この説明作業が、いつも欠けているのです。

02 「ここまで、ちょっとまとめてみよう」

そんな気持ちが「読解力」を育てます

そこで、長い文章を読むときには「ひと休みの習慣」をつけてみてください。「わかった」つもりでも、じつは先を急いでいることがあります。「うーん、ちょっとややこしくなってきたけど、とにかく読み進めよう」と思うときがあります。

そういうとき、「ここまで、ちょっとまとめてみよう」と頭の中で整理してみてください。やってみると、意外に手強いはずです。ふだん、そういう習慣がないからです。「なんとなくわかった」ことが、じつは少しも「わかっていない」ことだったりします。

もう一度、文章を読み直すことだってあるかもしれません。でも、それでいいのです。読み返すときには、「頭の中でまとめながら読もう」という気になっているからです。

03 「なんて書いてあった？」

親が子どもに質問することを自分にしてみよう

子どもの読解力を知りたくて、親はときどき本を読んでいる子どもに、「どんなことが書いてあるの？」と聞きます。

すると、まだ「まとめる力」のついていない小さな子どもは、ストーリーを最初から一生懸命に説明しようとします。

そのとき、子どもは子どもなりにまとめようとしているはずです。

そこで親が、「いつのことなの？」とか「どこの国なの？」と聞くと、子どもは「あ、それはね」と説明してくれます。

この繰り返しで、「まとめる力」が育っていきます。大人も同じではないでしょうか。

自分で、「ここまでどんなこと書いてあったかな」と自問することで、いままで顧みなかった「まとめる力」がついてくるのです。

04 「まとめてみよう」と思うと……
どこが大事なポイントなのかわかってくる

「まとめてみよう」と思うことで、自分にとっての大事なポイントがわかってきます。「うーん、ここは論理が複雑でむずかしいけれど、ウヤムヤにしておくとあとで困るだろうな」と気がついたときに、「まとめてみよう」と思うからです。

そういうときは、実際に頭の中で整理がつかなくなりかけています。だからこそ、まとめる作業が大切になります。

もしウヤムヤなままで先に進むと、結局、なんにもわからなくなることもあります。なぜなら、肝心なことを説明できないからです。まとめることが不可能になってしまうからです。

「わかる」というのは「まとめることができる」ということです。

「まとめてみよう」と思う習慣をつけると、その際のポイントが次第にわかってきます。

05

あわてると「まとめる力」が逃げていく

すぐできる本の二度読みのコツ

長い間「まとめる力」を顧みなかったのですから、いきなり「さあ、まとめよう」と思ってもうまくいかないときがあります。たとえば少し専門的な新書を手にした場合です。

たしかに新書は読みやすいし、身近な例をたくさん取り入れているものが多いので、テーマは専門的でも内容は理解しやすいようになっています。

そういった読みやすさに惑わされるとつい、一冊パラパラと読み終えてしまいますが、このリズムを壊してください。

パラパラではなく、章単位でじっくり読む。最初に一つの章をパラパラ読んだら、二度目には同じ章をマーカー片手にアンダーラインを引きながら読む。

そういった、いままでのリズムとは違う読み方を心がけてみてください。

すると、パラパラ読んできたのは「まとめる力」がなかったせいだと気がつきます。

06 読んでも内容が頭に残らない

読んでもまとめようとしなかったからです

「まとめる力」が十分でないうちは、まとめようとするとどうしてもスピードダウンします。

本を読むときも、自分で何かを書いたり意見を発表したりするようなときでも、それまでスラスラとできていたことができなくなってしまいます。

すると、まとめるというのはなんて面倒なんだと思うはずです。

でも、最初は仕方ありません。いままでスラスラできたのは、まとめる気持ちがなかったからです。書かれてあることを右から左に素通りさせれば、一冊の本もたちまち読み終えます。自分の意見だって延々と述べることができます。ただし、本の内容は頭に残らないし、自分がしゃべったことは他人に理解されません。

スピードダウンは「まとめる力」の第一関門だと思ってください。

07

まず読書の「素通り」を防ごう

そのためにもマーカー、付箋は必需品です

そこで読書に話を絞りますと、マーカーや付箋《ふせん》は「まとめる力」をつけるための不可欠なツールと割り切ってください。「あれは受験生が使うもの」と侮ってはいけません。

自分の仕事や勉強に役立てようと思って本を読むときに、ほとんどの大人は一回ページをめくっておしまいにします。一読して、わかった気分になれば終わりです。同じ本を二度、三度と読み返すことはまずありません。

そして、つぎの本に手を出します。つぎは類書だったり、少し高度な内容だったりしますが、最初に読んだ本の内容が頭に残っていなければ、本来、理解できるはずがないのです。この繰り返しでは何冊読んでも、一冊も読まなかったことと同じです。

マーカーや付箋は、まず一冊を「咀嚼《そしゃく》」させてくれます。「まとめる力」もそこから生まれてきます。

08

目的がはっきりしているなら「通読」はしなくていい

「本は丸ごと読まなくちゃ」という考えを捨てよう

言うまでもないことですが、ここで書いている読書はあくまでたんなる趣味や娯楽のためではなく、「目的のある読書」です。

大好きな冒険小説やミステリーを読んでいるときには、自分の楽しみのためですから「まとめる力」は不要です。むしろイメージをふくらまして、その作品にのめり込み、空想にふけるのが楽しいでしょう。

けれども目的のある読書は違います。本を読むことで仕事や勉強に役立てようと考えていますから、はっきりとした目的があります。

ただし、ときにはその目的が自分でもつかみ切れない場合があります。

たとえば漠然と「企画力をパワーアップさせたい」と考えます。

でもそれだけではどんな本を読んでいいのかわかりませんから、とりあえず書店に出かけて書棚から評判になっている本や役に立ちそうな本を選んで購入します。じつはここですでに「まとめる力」が必要なのですが、今回は考えがまとまらないうちに書店に出かけたと仮定しましょう。

そうして選んだ本を自宅や通勤電車の中で読み出すのですが、そのとき、「本は最初から読んでいかなければ」と考えがちです。順を追って読まなければ内容が理解できないはずだと思ってしまいます。

でも、この段階で「まとめる力」のトレーニングはできます。

まず目次にじっくりと目を通すことです。目次を読めばその本の流れがわかります。つぎに、自分がいちばん気になる章を見つけることです。

企画力と言っても範囲は広いのですから、その中で自分がいちばん必要とするものはなんなのかを見つけてください。情報収集力なのか、企画書の作成法なのか、プレゼンテーション能力なのか、といったことです。

それがわかったら、そのパートだけ徹底的に読めばいいのです。三冊購入したら三冊とも同じようなパートだけ重点的に読めばいいのです。

09 部分熟読で「まとめる力」を鍛えよう

一部がわかれば全体がつかみやすくなる

「本は最初から目を通さなければいけない」と考える人は、「全体を把握できなければ部分も理解できない」と考えます。

でもこのやり方では、「まとめる力」のない人は時間ばかりかかっていちばん重要なことが頭に残らない可能性も出てきます。

その点、一部を徹底的に読み込む方法でしたら、時間のムダもなくなります。短いパートだからまとめることも簡単です。トレーニングと考えれば、「まとめる力」を無理なく鍛えることができます。

けれどももっと大事な効果があります。

一部分でも徹底的に自分のものにできれば、そこから関連のある分野への足がかりができ、全体がつかみやすくなるのです。

10

部分熟読して部分情報を鍛える

本から本へと横断してその情報を豊かにする

部分熟読の楽しさは、何冊もの本を「横断」する楽しさを教えてくれます。

たとえば国際経済の本を読んで勉強し始める。でもとりわけフィンランドやスウェーデンといった北欧諸国の経済に興味を持ってしまったとします。

そうなったら今度は、歴史の本でも産業や地誌の本でも、あるいは国際政治でも料理でも海外美術や映画でも、買い込んだらとにかく北欧諸国のページだけ徹底的に読み込んでいきましょう。

興味を持ったパートなのですから、頭にすぐに入ってきます。内容をまとめることもそれほどむずかしくありません。

買い込んだ本が全体としては面白くなくて、いつもだったら途中で投げ出すような場合でも、この方法でしたらさまざまな分野の本を手にできるのです。

11 携帯メールはよく「まとめている」つもりですが……

とんでもありません。思考停止、要約停止しているだけ

わたしが懸念していることの一つに、携帯メールがあります。携帯メールは短いセンテンス、独特の略語や絵文字といった、いかにも「まとめる力」のトレーニング・ツールに見えますが、とんでもありません。

本来、メールというのは文章をつくる作業が必要になります。短いメールであっても、それがビジネスで使われる場合は最大限の神経を遣います。友人とのメールのやり取りにしても、コミュニケーションを前提とした文章であることは変わりません。

携帯メールは違います。はっきり言って機械的な、もっと言えばゲーム的で刹那的なことばのやり取りにすぎません。「まとめる力」を奪うこともあります。

そして、携帯メールをやりすぎた場合、思考力も低下していくはず、と私は思っています。

12 感情をストレートに出してしまうのですが……

「まとめる力」がどんどん弱くなりますよ

2ちゃんねるに代表されるような匿名性の強いコミュニケーションの場合、しばしばことばのやり取りが一方的になったり、揚げ足取り、誹謗中傷《ひぼうちゅうしょう》の泥沼に入り込んでしまうことがあります。しっちゃかめっちゃかで、何を言いたいのかまったくわからないコメントが延々と繰り返されたりします。

ああいうのは、簡単に言えば感情にとらわれすぎるから起きてしまうことなのです。目の前の相手と議論する場合でも、感情的になってしまうと論理はムチャクチャになるし「まとめる力」もなくなります。

ふだんはクールで論理的な人でも、興奮してくると何を言っているのかわからなくなります。

まとめようと思ったら感情的な部分を意識して排除することが大事です。

13 メールには自分の感情との「時差」が生まれる

送ったあと激しい後悔に襲われることがあります

パソコンを使ったメールでも同じことが言えます。

わたしはメールの普及を「インターネットを使った」手紙の復活と考えます。文章を書かなくなった、手紙もハガキも書かなくなったと言われる若い人たちにとって、メールは「まとめる力」や「伝える技術」を鍛えてくれる身近な手段と言うこともできます。

ただし、注意してください。

いっときの感情にとらわれて、思いつくままに文章を打ち込み、送信ボタンをクリックした瞬間に、取り返しのつかない事態が生まれる場合もあります。

手紙やハガキというのは、文字やことば遣いに注意しながら文章を手書きします。相手の名前と住所を書き、自分の名前と住所を書きます。

これだけの手順を踏めば、内容も気遣いに満ちたものになります。感情的なことばや言い回しはできるだけ避けて、かぎられたスペースに自分の気持ちや用件を落ち着いてまとめることができます。

ところがメールは、落ち着かない気持ちのままでも文章を打ち込んでしまいます。怒っているときには怒っているまま、不機嫌なときには不機嫌なまま、有頂天《うちょうてん》のときには有頂天なままに文章を打ち込んでしまいます。

そういうときにはもちろん、「まとめる力」のことは忘れています。冷静ではないのですから、まとめることなど考えもしません。

でも、そのメールが相手の目にふれるころには、あなたの感情はもう落ち着きを取り戻しています。「送信済み」の自分のメールを読んでみて、激しい後悔に襲われても手遅れですね。

メールで「まとめる力」を鍛えようとするのは間違いではありませんが、手紙やハガキよりさらにいっそうの、落ち着いた気持ちを忘れないでください。

14

電子メールに必要なのは相手への「配慮」

自分中心になりがちだから要注意！

パソコンを使ったメールは、ビジネスでも日常的に使われています。

その場合、注意したいと思うことがあります。

まとめることにこだわるあまり、相手への配慮がおろそかになりがちなことです。

相手の立場や感情を無視して、自分の要件や要望だけを箇条書きにまとめるようなメールがしばしば見られるからです。

「まとめる力」について考えるならば、それはコミュニケーションの場で有効でなければ意味がありません。これはとても大切なことで、しばしば「まとめる」にこだわると自分中心、自分の要求をまとめる作業だけに心が向けられてしまうのです。

でもそれをやると、自分の要求はまとまるかもしれませんが、相手との合意点がまとまりません。メールはしばしば、一致点を見いだす努力をおろそかにすることがあるのです。

15 なんのためにまとめるのですか？

おたがいに理解し合うためです

「まとめる力」のある人は、相手の話をきちんと聞きます。
「まとめる力」のない人ほど、自分の考えをまとめることに夢中で相手の話を聞いていません。

ですからコミュニケーションの場で、相手の話を心を込めて聞き、いつも「まとめる力」を意識することが大事になってきます。

「この人が求めているのはこういうことなんだな」とか、「だとすればわたしにできることはどこまでなんだろう」とか考える気持ち。そういう気持ちを忘れないことが、「まとめる力」を育てる上で大事になってきます。

これは心理学で言う自己の客観視にもつながってきます。自分中心ではなく、相手や状況も含めた中で自分を見つめる気持ちです。これが案外、忘れがちなことなのです。

16 他人の話をちゃんと聞いていますか？

「まとめる力」は「聞く力」から始まるのです

まず他人の話を、目と耳と心を開いて、ちゃんと聞くこと。とても平凡なことですが、「まとめる力」のある人はこのことを誠実に実行しています。

「まとめる力」のない人は、自分の感情や考え、感想をまとめるのに精いっぱいで、他人の話を聞く余裕がありません。「どう言えばわかってもらえるか」「どう反論すれば相手をやり込められるか」といったことだけ考えています。

決着を性急に求める気持ちですね。「早くまとめてしまいたい」という気持ちが強すぎて、まとまる話もまとまらなくなるのはよくあることです。

まず他人の話をちゃんと聞こう。そう思うだけで、気持ちが落ち着きます。「回りくどい話だけど、要点はこういうことなのかな」

そんな落ち着きを取り戻したときに、知らず知らずのうちに「まとめる力」がついてきます。あわてなくていいのです。

他人の話に集中できるということは、それだけでも「まとめる力」をトレーニングしていることになるのです。

本を読むことに比べれば、会話はとても日常的で、しかも相手はさまざまです。職場だったら上司もいれば同僚もいるし、部下や若手社員もいます。

みんなそれぞれに個性があって、しかも立場の違いがあります。話し方にもその人の性格や年齢や男性、女性といった性別の違いが出てきます。

そういう変化に富んだ相手の話をきちんと聞くことは、こちらの年齢や立場によってはつらいときもありますが、だからこそ「まとめる力」のトレーニングなのです。

後述しますが、「聞く力」を育てることはかならず大きな成果をもたらします。

なぜなら「まとめる力」はわたしたちの包容力ともつながってくるからです。

さまざまな立場の人間が話すことを、我慢して聞いてみる。それをいつでもどこでもできるトレーニングだと割り切って、自分の「まとめる力」を鍛えてみてください。

17 30分かけて読んだことを5分でまとめてみる

読書は30分に一度、立ち止まろう

「まとめる力」を阻むものの一つにスピードがあります。わたしたちはまとめるトレーニングをきちんと受けてこなかったのに、読書は先へ先へと急いでしまいます。

そこで、流れるように読み続ける作業に、30分に一度でいいですから立ち止まる習慣を取り入れてください。スポーツのトレーニングでも、一定時間運動したら筋肉を休ませます。

それと同じように、本を読んでいるときにも間隔を置いてひと休みです。

そのときに、それまでに読んだ内容を頭の中でまとめてみてください。

少し手強いときには10分ごとでもいいし、わかりきった内容なら1時間でもいいです。とにかく5分の「まとめ時間」を入れてみましょう。読書に「立ち止まる」気持ちを取り入れてください。

第3章

大事なことはメモする習慣をつけよう

01

「メモ」をもっと身近な習慣にしよう

「書く力」はメモから始まる

「まとめる力」について考えてきたときに、わたしたちはそれを学んでこなかったこと、いまも学ぼうとしていないことを説明しました。いくつかの習慣を変えないかぎり、「まとめる力」はいつまで経っても身につかないのです。

「書く」こともその一つです。

ほとんどの人にとって、書くことは何か特別に身構えて机に向かうことだったり、たくさんの資料やデータを取り込んで文章化することだったり、定型文書の作成だったりします。

しかも、ほとんどの場合はパソコンを利用します。モニターの画面を見ながらキーボードを打ち込むのですが、そのためにはデスクのパソコンに相対して座らなければなりません。

つまりわたしが言いたいのは、今日のわたしたちの日常は、ふだんから「書く」ことと距離のある生活になっていませんかということです。

たとえば、ソファに寝転がって思いついたことをふと書き留めたり、本を読んでいて気になった箇所を書き写したり、誰かと話していて印象に残ったことばや意見をメモしてみたりといった、手軽な作業としての「書くこと」を忘れていないでしょうか。

これは「書く」というより「メモる」といった程度の作業です。でも、その程度の作業でも「まとめる力」を鍛えるたくさんのヒントがつまっています。

文字を書くことで記憶がしっかりします。

自分のことばで内容を要約することで理解が進みます。

大事なポイントを見抜く力が備わってきます。

こういったことはすべて、「まとめる力」を育てる大切な要素です。

まだあります。メモがあれば、そこに書かれたさまざまな意見や考えをベースにして新しい考えを組み立てることができます。メモそのものに大きな価値があるのです。

02 「書く」ことは「立ち止まる」こと

踏みとどまって大事なことをまとめてみよう

本を読んでいるときに、「ここはポイントだな」と思うことがあります。「読み流してつぎのページに入りたいけれど、やっぱりここはきちんと理解しないといけないんだろうな」と思うような部分です。

そこでマーカーを引いてもいいのですが、もう一歩突っ込んで、**ポイントとなる文章を三行でもいいから自分で書いてみる。この作業を行なうと、短い時間でも確実に思考が大事な部分に集中します。**

もちろん、読書のスピードは落ちるでしょう。一行書き写すだけでも立ち止まってしまいます。でも、これも「まとめる力」のトレーニングです。先を急がず、ポイントをしっかり押さえることで、長い論理も自分の頭でまとめることができるからです。

03 「書く」ことで質問する力がつく

相手の意見を要約する習慣を育てよう

質問上手はメモ上手です。会議のときやレクチャーを受けているとき、あるいは相手のコメントを聞き出す取材のようなときでも、核心を突いた大事な質問を発することができます。

なぜそれができるかというと、メモを取ることで相手の話を要約しているからです。論理の筋道をきちんと理解しているから、枝葉にとらわれずに本質をついた質問ができるのです。

メモを取らずにうなずいて聞く人は、いかにも飲み込みがよさそうに見えますが、話を聞き終えてから質問することがありません。

こういう人は長い話を要約することができず、したがって何を質問していいのかわからないのです。

04 「わからないことは聞く」

それが頭の中を整理するコツ

現在のわたしは、新聞や雑誌の取材を受けることが多いのですが、学生時代のわたしは若者向けの週刊誌で記事を書くために取材をする側の人間でした。取材される側と、アルバイトとはいえ、取材する側の両方を経験していることになります。

その経験を通してわたしなりに理解できたことがあります。

正確な取材には「質問する力」が欠かせないということです。

実際、自分が受けた取材が記事になったとき、的確な質問をしてくれた記者ほどわたしの意を十分に汲んでくれます。こちらのことばの不足していた部分まで補ってくれたり、「あれは余計なコメントだったかな」と思ったことは削除してくれます。つまり、言いたかったことを過不足なくまとめてくれるのです。

逆にレコーダーのスイッチを押すだけでこれといった質問もしなかったり、あるいはわたしの発言とは直接関係のない質問をして取材を終えるような人がつくった記事は、できあがったものを読むと、相手の主観で書かれていたり、話の本質とは関係のない部分が誇張されていたりする。

わたしが取材していたときに、ベテランの編集者や記者が繰り返し言ったのは、「わからないことは聞け」ということでした。相手のことばを鵜呑みにしないで、自分の頭で理解できるようになるまで質問しろ、ということでした。

「そうですか」で終わりにしないで、「具体的にはどういうことですか？」と問い直すことで数字やデータが充実します。

そういった質問を引き出すベースとなるのが、相手の話の要点をメモする作業でした。

わかったつもりで先に進むのではなく、区切りをつけてそこまでの話の筋道を理解し、少しでも疑問があればその場で納得がいくまで質問するという習慣でした。

これができるようになると、たとえどんなに話が長くなっても、あるいは専門的になってきても、メモを読み返すことで完全に再現することができます。しかも理解をともなった再現ですから、自分のことばでまとめることができるのです。

05 短く「まとめる力」が、長く「ふくらます力」を生み出す

コンテをつくる力が備わればどんな長文でも書ける

要点をメモすることで、長い文章や長い話の骨組みをつかむことができます。

これは言うまでもなく「まとめる力」がつくということですが、同時に「ふくらます力」も備わってきます。その骨組みに自分なりの視点やデータを肉づけして表現できるようになるからです。

「まとめる力」のない人は、長い文章を書くのが苦手です。そのいちばんの理由は骨組みがしっかりしていないからでしょう。自分で何を書きたいのか絞り込めない。だからダラダラした文章になったり、結論が曖昧になったりする。すべて、骨組みの弱さが原因です。

けれども、メモすることで「まとめる力」のトレーニングができれば、今度はそのメモをもとにして長い文章を書けるようになります。メモがすでに骨組みになっていますので、その部分から外れないかぎり、自分でふくらませることができるのです。

たとえば一冊の本のように長い文章を書く場合でも、かならずいくつかの大きなパートに分かれています。それぞれのパートはさらに小さなパートに分かれています。したがって、本一冊分の原稿は相当の量になっても、一つ一つのパートが集まったものだと考えれば、決して「手に負えない」作業ではありません。

書きたいことを書くために、全体の骨組みを考えて大きなパートをつくり、あとはそのパートごとに内容をふくらませていきます。もちろんこの作業には慣れも必要ですが、

論文やレポート、あるいは報告書や企画書を書く場合でも基本的な手順は同じです。骨組みをつくって、肉づけする。それだけのことです。

「書く」という作業は、考えることに比べればたしかに面倒で時間のかかることなのですが、逆に言えば骨組みさえしっかりしているなら、飛躍したり曖昧になってしまうこともありません。「まとめる力」はコンテをつくる力を育てるのです。

06 メモはストックができる

しかも、いつでもどこでも取り出せる財産

メモのいいところは、簡単にストックできることです。しかもストックした情報を簡単に開けることです。

パソコンに情報をストックしても、パソコンがなければ開けません。本にアンダーラインを引いても、その本がなければ読み返せません。

その点、メモならいつでもどこでも開くことができます。書かれてあることは断片でも、それを開くことで自分や相手の発言、会議の流れやポイントを正確に思い出すことができます。帰りの電車の中でもその日一日をまとめることができます。家に帰って寝転がったままでもできるのです。

最近はちょっとした会議にもノートパソコンを持ち込む人が増えていますが、小さなメモ帳のほうがはるかに自在な使い方ができるはずです。

07 ストックしてあるメモが思いがけない成果を生む

問題解決の糸口を与えてくれる

ふと気づいたことをメモする。大事だなと思ったことをメモに残しておく。これは役に立ちそうな情報だなと感じたことは書き留めておく。

そういった習慣が、思いがけない成果を生むことがあります。ストックしておいたメモから、問題解決の糸口が見つかったりするからです。

たとえば考えがなかなかまとまらないときです。企画書をつくる、レポートを作成するといった場合でも、書きたいことはあるのにどう切り出せばいいのかわからない。どう説得力を持たせればいいのかわからない。そういうときに、手元のメモにピッタリの情報が残されていることがあります。

実際、わたしは自分のメモがきっかけになって、それまでなかなか書けなかった論説文を一気に書き上げた経験がしばしばあります。

08 情報整理・脳内整理に役立つ「コーネル式ノート作成法」！

勉強もどんどんはかどる

授業や講義内容をノートに取るときに、**「コーネル式ノート作成法」**というのがあります。これは名前を知らない人でも説明を聞けば、「ああ、そういう方式の参考書やテキストを見たことがある」と思い出すかもしれません。

コーネル式ノートは一ページが三つのブロックに分かれています。

いちばん大きなスペースを占めるのは、いわゆる「ノート」の部分で、ここには通常のノートのように授業の内容を書き込みます。歴史の授業でしたら、年代や年号、登場人物名や事件の名称、その経過など、必要と思われることは書き込めるだけ書いていきます。

「ノート」の左側には「キュー（Cues）」と呼ばれる幅が三分の一ほどのスペースがあって、そこには事件のポイントとなることばや考え、あるいは自分の疑問点、ノートを説明できるような質問（たとえば「いつ？」とか「誰が？」といったこと）、自分なりのヒント（時代や思想背景のキーワードなど）を短く書き込んでいきます。

一ページの下段部分は「サマリー（Summary）」と呼ばれるスペースで、ここが全体の「要約」になります。

使い方としては、授業中に「ノート」を書き写し、授業が終わってその日の復習のときに「キュー」と「サマリー」と書き込みます。

通常のノートはページ全体に講義内容を書き写して終わりです。復習と言ってもそれを読み直したり、アンダーラインを引くぐらいですから、「まとめる力」はまったくともないません。

コーネル式ノートは違います。自分で書いたノートの内容を自分で組み立て直してまとめることになります。これで理解と記憶が一段と強化されるのです。

そのとき大事になるのが短いメモの「キュー」です。「キュー」とはテレビなどでディレクターが出演者に出す「スタート」の合図のことで、つまり演技開始の「手がかり」とか「きっかけ」の意味です。短いメモには、思考を飛躍させる力が潜んでいるのです。

09 込み入ったトラブルも書き出せば単純化できる！

自分がいま何をすべきかがわかる

「書く」ことで複雑に絡み合った問題を単純化することができます。

これは現実にわたしたちがしばしば実行していることです。いくつもトラブルを抱えたり、案件が重なってどれから手をつけていいか混乱してきたときには、とにかくメモにすべて書き出してみます。

すると、「この連絡は相手の返事待ちだ。この連絡は早いほうがいいな。こっちはまだ日程すら確定していない。となると、まずこれからだ」といった具合に、自分がやるべきことの順番が見えてきます。トラブルも同じで、

書き出せば解決の優先順位がわかります。

あるいはいくつものトラブルの根本原因がわかってきます。

「書く」ことで、わたしたちは迷いを消せるのです。

10 「書く」ことは自分を客観視すること

話がとりとめのない人はぜひマスターしてください

話したことはそのまま相手に伝わってしまいます。したがって「まとめる力」のない人は、まとまらないままの話をするしかありません。

しかもたいていの場合、「まとめる力」のない人は自分の話がダラダラしていることに気がつきません。かりに気がついても、そのまま話すしかありません。

ところが「書く」ことは違います。

自分で書いた文章を読めばまとまりのないことに気がつきます。同じ話を繰り返していたり、推測だけを重ねていたり、感情的になりすぎていたりといったことがわかります。

つまり「書く」ことで自分の話を客観視できます。まずいなと思ったら、パソコンの場合はすぐに消したり並び替えたりできます。すべて「まとめる力」に役立つことです。

11 議論を仕切るのは「まとめる力」のある人

メモ力で、あなたは主役！

数人で議論を交わすときには、大いにメモを活用してください。

メモには他人の発言内容を要約し、そのとき自分が感じた疑問点を書き込んでおきます。

似たような意見や、わかり切った意見はメモする必要がありません。

これをやると、まず他人の意見を記憶し、弱点や問題点をいつでも指摘できるようになります。

それから対立意見や特徴のある意見も押さえることになりますから、議論の流れが頭に入ります。

「Aさんの意見は慎重だけど、実行するには時間がかかるな。それに対してBさんの意見は簡単な方法だけどリスクがともなう。このリスクをどう減らすかがポイントになるな」

たとえばそんな調子で、自分の頭の中にこれからのシナリオができていきます。もっともっと雑多な意見が飛び出してきても、問題点をスッキリと整理することができます。

そのメモを念頭に置いて発言すると、まず自分の意見を述べるときにその根拠を明確に示すことができます。

「どうやらリスクの軽減がポイントになるようです。そこでわたしの提案ですが……」といった切り出し方ができるのです。

これは議論全体を仕切ることにもなります。そのつど、いちいち反論したり相手の矛盾を追及する議論では、全体の方向性がいつまで経っても見えてきませんから、出席者もだんだん疲れてきます。方向性を示しながら仕切ってくれる人がいると、出席者も安心ですし、共感も得られやすいのです。

テレビの討論番組などでも、すぐれた司会者は混乱して収拾のつかなくなった議論を上手にまとめて方向性を示します。彼らにそういうことができるのは、他人の意見や問題点をつねに頭の中でまとめているからですが、わたしたちでも上手にメモを活用することでそれが可能になります。

12 ボールペン一本持たない会議は、何も生まない

プリントされたものよりメモを大切にしよう

日本のビジネスマンには、会議や打ち合わせのときに筆記用具を持参しなかったり、あるいは持っていてもポケットにしまい込んだままという人が大勢います。

そのかわり、分厚い資料やレジュメ、仰々しい企画書などはちゃんと準備されていますから、テーブルの上はいかにも充実するのですが、メモを取る人の姿があまり見られないのです。

たしかに報告内容がプリントされていれば、メモの必要はありません。しかし、**ボールペン一本あれば、そのプリントに要約や疑問点を書き込むことができます。長い説明を黙って聞いているよりも、「まとめる力」を確実に鍛えることができます。**

そして、書き込むことで意外な問題点が見えてきます。

13 コメント風にまとめてみる

そんな気持ちが「まとめる力」を鍛えてくれます

これはパソコンでもいいし、ノートでもいいのですが、**自分なりにその日一日の気がかりな出来事を記録する習慣をつけると、「まとめる力」は確実にアップしていきます。**

その際、日記のように自分の感じたことを長々と書く必要はありません。書くなら短くコメント風に書けばいいのです。毎日でなくてもかまいません。とにかく、トラブルが発生したり議論が食い違ったり、放っておけば何か問題が起きそうなことを、書いてみることで整理してください。

すると、まず順を追ってその出来事を記述するようになります。どこに問題点があったのか、その段階でわかったりします。記憶のしっかりしているうちに書き残すことで、的確な対応策が生まれます。何よりいいのは、冷静さを取り戻せるということです。

14

5W1Hは、書くことの原則

長い文章もこれがあれば、とにかく書き出せる

「5W1H」ということばはご存知だと思います。

「When（いつ）」「Where（どこで）」「Who（誰が）」「What（何を）」「Why（なぜ）」、そして「How（どのように）」が5W1Hです。

新聞記事やニュース原稿の基本といった言い方をされることが多いので、なんだか堅苦しい言い回しのように思われがちですが、

この5W1Hは、じつはわたしたちもふだんから無意識に従っている文章のフォーマットでもあります。

ところが、いざ書こうとしたときに、この5W1Hが曖昧だったり、抜けているときがあります。すると、書き出せないのです。「ここを確認してからにしよう」となってしまいです。そのつどメモを取る習慣があれば、このようなつまずきはなくなります。

15 5W1Hがあれば説得力が生まれる

報告書、レポートに客観的な事実を取り込む

そして「まとめる力」について考えたとき、この5W1Hというのはかなり使える方法なのです。つぎの章でもふれますが、報告書やレポートのような文章を書くときに、5W1Hの要点を押さえれば、あとは自分で味つけして「遊ぶ」ことだってできます。

たとえば推理や仮説です。骨組みのしっかりしていない文章に推理や仮説を持ち込むと、ビジネスの場ではまったく相手にされません。「なんだこれは。うまい話だけ並べても根拠がないじゃないか」と言われてしまいます。

しかし5W1Hさえきちんと押さえてあれば、推論や仮説にも説得力が生まれます。**同じ話をしても、「あの人には説得力がある」と感じさせる人は、客観的な事実を上手に取り込んでいます。**要所を押さえているから余裕が持てるのです。

第4章

意見を伝えるために、自分の「ひな型」を持とう

01 パリのアパート管理人の攻撃パターンに学ぶ
日本人留学生はひとことも反論できなかった!

わたしの友人が以前、パリに留学したときのエピソードです。

彼は日本ではいわゆる成績優秀なエリートでした。性格は冷静だし、知識量も豊富です。

したがって、友人と議論をしてもまず負けることはありません。彼自身、自分をかなり論理的な人間だと思っていたようです。

ところが、パリのアパートの女性管理人にはいつもコテンパンにやり込められるのだそうです。廊下の電気を消し忘れた、玄関のそばに私物をちょっと放置した、深夜に水道を長い時間使ってしまった……まあ、どれも彼にしてみれば些細なことですが、女性管理人は容赦しません。

「あなたは電気を消し忘れましたね」

まずこんな調子で穏やかに詰問されます。

「廊下の電気はつけたらすぐに消すことになっている」

「それはこのアパートの決まりであって、共有スペースの電気代は入居者が均等に負担しなければいけない」

「しかしあなたが電気を消し忘れたことで、責任のないほかの人にも電気代の負担がかかることになる」

「わたしはこのアパートの管理人だから、あなたのそういった不注意を叱責する義務がある」

「今後、ふたたびこのようなことがあれば、わたしはあなたにこのアパートを出ていくように命じる」

とまあ、こんな調子でまったく反論の余地を与えないまま、友人をいつもうなずかせたのだそうです。この女性管理人は、どういう叱責をする場合でも、型どおりの論法で迫ってきたといいます。

02 「論理」で押し切る外国人
「情緒」でごまかす日本人

友人がこの女性管理人にまったく反論できなかったのは、彼女のことばに感情的な響きや、遠回しな言い方がまったくなかったからです。一直線に論理で押し切られてしまったのです。

日本人でしたらこういう場合、「あなたも慣れないことが多いと思うけど」とか「人は誰でもうっかり忘れることがありますけど」といった、いわば「逃げ道」を用意してあげます。叱責する側も曖昧な言い方をするのです。

すると、「そうなんです、まだこっちの習慣に慣れていなくて」とか、「眠くてついうっかりしてました」と弁解ができます。場合によってはそれで話が終わることもあります。少なくとも、パリの女性管理人のように言い逃れのできない論法で責めて、非を認めさせるようなことはありません。

つまり外国人は、自分の主張をするときにはとても論理的なのです。

日本人は逆に情緒的になってしまいます。

もちろんそのことで、どちらがいいとか悪いといった話は一概にはできないでしょう。日本人は情緒的になることで「和」を保っているとも言えるからです。

ただ、自分の意見を相手にはっきりと伝えるには、外国人のように曖昧なものを持ち込まずに論理で押し通したほうが便利です。

ビジネスの場やさまざまな交渉のとき、あるいはクレームを言うときでも、感情的なものを持ち込んだり、遠回しな言い方ばかりしていると、結局、ウヤムヤにされてしまうことがあるからです。

そして、そういうときこそ「まとめる力」が必要になってきます。

論理の流れをきちんとつくって、結論を明確にすることです。

そのとき、「ひな型」が有効になってきます。自分のしゃべり方に一つのフォーマットをつくってしまい、それに合わせて論理を展開します。この方法、堅苦しいようですが外国人はほとんどが実行していることなのです。

03 気分や感情でものを言うのが日本人

だから、テレビ討論もしっちゃかめっちゃか！

日本人の中にも論理的なタイプの人はいます。

しかしそういう人が話をまとめようとすると、かならず「わけのわからない」ことを言い出す人が出てきます。テーマから外れたたとえ話を持ち出したり、大げさに誇張したり、特殊なケースを主張したり、とにかく論理を乱してしまう人です。

おまけに気分や感情でものを言う人も大勢います。いくら片方が論理的になっても、もう片方が非論理的になってしまえば議論は噛み合いません。こういうことはテレビの討論番組などでもしばしば見られることです。

ところが外国人は、ふだんの口論でも非常に論理的にやり合います。とくにインテリでもない、ごくふつうの市民が論理的なのです。

これも「ひな型」を持っているからです。

04

義務教育で要約トレーニングをしてこなかった日本人

だから大学のレポートで苦しむ

プロローグでも書きましたが、外国の国語教育は「まとめる力」を重視します。基本的な文法を繰り返し学び、簡単な文章を読んだり書いたりといった学習から始めます。

そのあとで論理的な文章を読んだり、レポートを書くトレーニングを行ないます。子どものときからそういった基本的な国語力を学んでいくのです。

日本の場合は、小学生の段階で、早くも〝心情読解〟といった高度な勉強になります。テキストも論理的な文章より小説や物語のような情緒的な文章が選ばれます。

これは、日本の小学生がすでにある程度の読み書きができるからでしょうが、文章を頭の中で整理してまとめるといったような要約のトレーニングは行なわれません。

大学生になっても、レポートで苦しむのはそういった理由があるのです。

05 相手に気を遣って失敗しない方法

「これがわたしの言い方だから」と割り切ろう

「口下手」の項でも説明しましたが、相手に気を遣うようなしゃべり方をするとどうしても、話が曖昧になってきます。

「結論から先に言えばいい」「自分の立場をまずはっきりさせよう」といったことも、頭では理解できてもいざ本人を目の前にするとつい口ごもってしまいます。

相手を傷つけないように、自分を悪く思われないように、慎重な言い回しになってしまいます。

でも、それでうまくいくのならともかく、たいていは失敗します。

結局、相手の言いなりになってしまったり、誤解されたり、望まない結論が出てしまったりします。

なんとか自分の立場を説明することができても、「それならそうと早く言えばいいじゃないか」と相手を怒らせるときもあります。つまり、現実問題としてうまくいかないことのほうが多いのです。

そこで、どうせうまくいかないのなら型どおりの話し方に徹して、「これがわたしの言い方だから」と割り切ったほうが楽ではないでしょうか。

たとえば頼まれごとをされたときに、できないことは最初に「できない」と答えてしまう。それからその理由を言う。「悪いな」でしめくくる。

これを実際の場面で実行すると、相手には冷淡に響くかもしれません。「この人、ずいぶんドライな性格だな」と思われるでしょう。

でも相手はあきらめるしかありません。

そしてあなた自身も、「仕方ないよ、こういう言い方しかできないんだから」と割り切るしかありません。現実に、もう断ってしまったのですから。

型どおりに話すことは、相手の気持ちを慮《おもんぱか》る人にとっては抵抗があるかもしれません。

でも「いまのわたしは決まった型に従っているんだ」と考えればいいのです。

自分を責める必要はありません。

06 うまく話すことより、型どおりに話すこと

言いたいことが言えるようになる！

型をつくってそれに従うというのは、精神医学における一種の行動療法になります。「うまく話せない」と悩んで引っ込み思案になるより、下手でもいいから機械的な話し方のパターンに従ってしまう。すると、「なんだ、ちゃんと話しているぞ」と気がつきます。

それで自信がつけば、少なくとも言いたいことも言えない状態から抜け出すことができます。スピーチで原稿をつくるのも、これと同じ理屈です。

「伝える力」の弱い人は、ほとんどの場合、この逆を行なっています。「どう話せばうまく自分の気持ちが伝わるか」を最初に考えてしまい、余計に話がぼやけてしまうのです。

そこで、自分に伝えたいことがある場合には、「うまく話す」より「型どおり」に話すことを心がけてください。たとえば前の章でもふれた「5W1H」です。

07 ダラダラしゃべるのは「型」がないから

5W1Hだけでも自分の型はつくれます

まとめる力のない人の話は、いつも肝心なことが抜けていたり、あと回しになったりします。聞いているほうはそのたびに、「で、いつのことなの?」とか、「誰がそう言ったの?」とか、「だからどうしてそうなったの?」と聞き直さなければいけません。

ちょうど子どもの話と同じですね。小さな子どものいる親は、わが子にこういう質問をしょっちゅうしているはずです。「ちゃんと話をまとめなさい」とつい叱ってしまいます。

そこで自分の話が相手に伝わりにくいと考える人は、5W1Hを追いかけるつもりになってみてください。

「子どもじゃあるまいし」とか、「アナウンサーじゃないよ」と言わずに、意識の片隅でもいいですから心がけてみてください。

たったそれだけのことでも、自分の話し方に型ができてきます。

08

前置きの長い話は損

人の話を五分と聞けない人間が増えているから

テレビ世代は他人の話を長い時間、聞いていることができません。ゲーム世代ともなればさらにひどくて、そもそも他人の話を聞きません。

テレビ世代・ゲーム世代と言っても特別な世代ではなく、三十代、四十代にもまたがっているし、二十代はすでに立派なゲーム世代です。彼らや彼女たちはどんな職場にも当たり前に存在しています。そういった人に何かを伝えるときには、**とにかく「長い話はダメなんだ」と思ってください。**

若い社員の気を惹こうとして、スポーツや映画の話題をさり気なく前置きに持ち出す上司は根本的に間違えているのです。とにかく人の話を五分と聞いてくれないのですから。

型どおりにまず結論から話すこと。これが伝える技術の基本です。

09 「型」を持てば、部下の話も上手にまとめられる

できる上司はここを外さない！

伝えるための型は、相手の話に当てはめることもできます。ダラダラとしゃべり続ける人間に、要点を押さえて話をまとめさせることができます。

基本的なことを言えば、5W1Hの確認だけでも十分なのです。たとえば要領を得ない話を続ける部下に対して、上司は肝心な部分を逃がさず問いただします。それができるのは、この上司が、自分の話を伝えるために5W1Hの原則を守っているからなのです。

つまり、型を持つというのは、情報の入力にも役立つし、その情報をもとにして自分が発信するときにも役立ちます。

「型どおり」ということばにはどこか息苦しいイメージがあって日本人は敬遠しがちですが、それはプライベートな場とビジネスの場を使い分ければ済むことです。

10 「～と思っているでしょうが」で始める

「じつは～です」とまとめるとよい

精神分析の祖とも称されるフロイトは、講義や講演などのような、大勢の人間を前にして話すときには自分の「ひな型」を持っていました。「ひな型」とは様式や書式といった意味ですが、5W1Hのように誰にでも共通する型に対して、もう少し個人的な、その人なりの型という意味でここでは使います。

フロイトは自分の説を述べるときにはよく、「みなさんは……とお思いでしょうが」といった疑問形の話し方をしました。

一般的に支持されている考え方を、疑問形で切り出すことで聴衆の興味を惹きつけたのです。

わかりやすいたとえを挙げると、企業の入社式で、社長が新入社員に対し、「みなさんはわが社の将来を大いに有望と思っているでしょうが」と切り出すようなものです。

入社したばかりの会社を、将来性がないと思う新入社員はいないはずですから、社長にいきなりこんなセリフを切り出されたらすべての新入社員が話に引き込まれてしまいます。

そんなやり方で十分に聴衆を惹きつけた上で、フロイトは話をつないでいきました。

「じつは……なのです」

ここで自分の説を唱えたのです。

このやり方は、いきなり自説を唱えるよりはるかに聴衆に衝撃を与えます。最初のインパクトが強ければ、その後の話も熱心に聞いてもらえます。じつはフロイトは、自分が異説を唱えていることがわかっていましたから、最後まで聞かせるためのテクニックとしての「ひな型」を用意していたことになります。

わたしが言いたいのは、フロイトのような高名な学者であっても、自分の考えを伝えるためには「ひな型」を使ったということです。

「伝える技術」をそれだけ大切にしていたということです。

まして「伝える技術」の弱い人間が、自分の「ひな型」を持つことは当然のことなのです。

11 「ひな型」は一度持ってしまえばあとが楽

テーマにかかわらずなんでも「話せる」「書ける」

簡単な例を挙げてみましょう。テーマは「業務の効率化」です。どうすれば職場の業務を効率よく進めることができるか、あなたは自分の意見を発表しなければなりません。

その場合でも、まずあなたの「ひな型」をつくることから始まります。

「業務の効率化」というのは、あまりに漠然としたテーマですし、さまざまな要因が絡まっていますから、総論的なことを話しても意味がありません。

そこであなたは自分の主な業務にかぎって提案しなければいけません。それがかりに、社外からの連絡を担当セクションに伝えることだとしましょう。

するとまず、問題提起ができます。

ふだん自分が感じている不便さや効率の悪さを指摘すればいいのです。

「外部からの連絡を担当者に伝えても、フォローが遅れがちだから、また外部から連絡が入る。そのたびに、わたしの業務が停滞する」

ではその弊害をなくすためにどうすればいいのか、あなたは仮説を立てます。

「わたしのレベルで処理できることを増やせばいいのではないか」

つぎにその仮説の検証です。

「するとふだんから各セクションとの連携を密にしないといけない。毎朝、主だったクライアントについては進行表をチェックして把握できるようになればいい」

これであなたからの提案が生まれたことになります。あくまで一例です。

ただ、こういった自分なりの「ひな型」を用意して、話す場合もレポートに書く場合も、その「ひな型」に当てはめて考えるクセをつけると、それだけでもずいぶん「まとめる力」と「伝える技術」がついてくるはずです。

「ひな型」のパターンは一つで十分です。

現状分析、問題提起、自分の意見、その根拠といったパターンが一般的ですが、とにかくその「ひな型」に沿って考えをまとめるトレーニングをしてみてください。「伝える技術」が着実に磨かれていくはずです。

12 きちんとした「ひな型」でなくていい

繰り返しているうちに育つ「伝える技術」

「ひな型」というと、何か窮屈な感じを受けるかもしれません。「わたしの考え方はあまり論理的じゃないから、もっと自由に話したり書いたりしたほうが、言いたいことを伝えられるような気がする」

そう感じた人もいるかもしれません。

でも、あなたの「ひな型」ですからそこはある程度、自由でもかまわないのです。たとえば一つの提案に対してあなたの意見を問われたときには、まず「イエス」か「ノー」かを答え、つぎにその理由を答え、もう一度「イエス」か「ノー」かをはっきりさせる。この程度でも十分なのです。

むしろ大切なのは「ひな型」に従うトレーニングです。繰り返すことです。

13 「型」がしっかりしていれば講演もできる！

人に聞かせるコツを覚えよう

講演の上手な人は、「ひな型」なんか持たずにいかにも気ままに話しているように感じます。笑いを取るのも巧みで、最後まで飽きさせません。

けれども講演の上手な人は、同じ話を何度も繰り返しているうちに、聴衆が大いに反応するのはどの部分かということを会場で感じ取ることができます。「このエピソードはみんな熱心に聞いてくれるな」とわかりますから、大事な話の前後にそういったエピソードをはさんで印象度を強めることもできます。

気ままに話しているように感じるのは、そういう意味での組み立てにアイディアがあるからです。

大いに笑いを取るような講演でも、いちばん言いたいことはちゃんと聴衆の印象に残るように組み立てています。すべて、型がしっかりしているからできるのです。

14 自分の「ひな型」を持てば、感情的にならずに済む

しっちゃかめっちゃかの議論からサヨナラしよう

さっきもふれましたが、日本人は気分や感情に任せてものを言うところがあります。ちゃんとした議論の場であっても、やり取りしているうちについ感情的になってしまい、議論が台無しになったりします。

「ひな型」を持ち込んでそれに従って話すようになると、この感情部分が大幅に排除できます。「ひな型」はあくまで論理の「ひな型」なのですから、そこから大きく外れないかぎり、感情的にならずに済むのです。

ということは、目上の人や尊敬する人が相手でも安易に妥協しないで話ができるし、嫌いな人が相手でも冷静に話ができるということです。

相手の話をまとめるにしろ、こちらの意見を伝えるにしろ、言いたいことをきちんと言い合える関係が築けるのです。

15 自分の意見の弱点がわかってきたらやること

「ひな型」を修正しよう

感情的にならずに済むということは、自分の意見の誤りを指摘されたり、矛盾を突かれることがあっても、大崩れしないということです。

「あなたの提案は、根拠となる部分が希薄ではないか。もっと多方面からのデータを揃えてほしい」

かりにそういう指摘を受けてしまって、自分でも認めるしかないとなれば、これは「ひな型」の一部を修正するだけでいいのです。

すべての論理を否定されたわけではありません。「ひな型」があれば相手に伝わりやすいからこそ、論理の弱点も見えやすくなります。

でも、これも「ひな型」のいいところです。弱点に気がついたらそこを補強する。この繰り返しで、伝える力が確実に強まっていくからです。

16 基本の「ひな型」を使えば3分で話せる

たとえば問題提起、提案（仮説）、その根拠といった「ひな型」に自分の考えを当てはめる作業は3分あれば十分です。**「ひな型」さえしっかりしていれば、自分の意見を3分で伝えることは少しもむずかしくなりません。**

これは新聞や雑誌記事などの「リード」部分と考えてください。長い記事には大きな見出しのつぎに全体の要旨がまとめられ、それから本文に入るといったパターンが用いられますが、それと同じです。

まず「ひな型」に従って要旨を話してしまいましょう。

あとはどうにでもなります。質問にはくわしく答えればいいし、説明の足りない部分は補足すればいいし、具体例や個人的なエピソードをまじえてもいいでしょう。

とにかく「ひな型」さえ上手に使えば、大切なことは3分で伝わるのです。

第5章

「なぜ?」を忘れなければ「まとめる力」が育つ

01 いつも「なぜ？」と自問してみよう

質問できればもっといい

「まとめる力」を損なうものの一つに、日本人の思考習慣があります。どういう習慣かひとことで説明しますと、イメージに従ってしまうのです。

たとえば誰かが「あの人は頭がいい」と言うと、「たしかにそうだ」と受けてつぎの話題に進みます。

「頭がいいから会議でも自分のリードで上手に意見をまとめてしまう」

「まったく頭のいい人にはかなわないな」

これで話が終わってしまいます。何も考えたことになりません。

「頭がいいと、どうして会議をまとめることができるのか？」

「それは頭のよさなどという曖昧なもののせいではなく、他人の意見を要約する力があるからではないのか」

「いや、それよりも結論に導くシナリオがすでにできていたからではないのか」

「つまりいくつかの反論を想定して、それにどう対応するかも考えていたはずだ」
「ということは、会議の出席者の意見を事前にある程度、把握していたことになる」
「あの人はふだんから、いろんな部署の人間と会って話を聞いているようだ」
「自分の意見を理解してもらえる相手には、あまり会議の場では反論しないものだ」
「つまり根回しが上手なんだ」……

たとえばこんな調子で、自問自答でもいいですから、相手のことばを鵜呑みにしないで「なぜ？」を問いかける習慣を身につけてください。

もちろん、可能な状況でしたらその場で相手に質問してもいいです。

すると、「いちいち、理屈っぽいヤツだ」とイヤがられるかもしれません。「話が先に進まない」と怒り出す人もいるでしょう。

でもそういった、理屈っぽさを避けることばのやり取りが、これまで「まとめる力」のなさを助長してきたのです。

02 「なぜだろう？」で曖昧さが消えていく

イメージ優先だけでは話の本質が見えてきません

いまの自問自答の例では、「頭のいい人は根回しがうまい」という結論になりました。

イメージだけをそのまま丸のみすれば、こういう結論は出てきません。実際、「頭のいい人にはかなわない」という「屁」のような結論で終わっていたのです。

つまり、「なぜだろう？」と考えることで、イメージの化けの皮がどんどん剥《は》がれて、隠れていた骨組みの部分が見えてくるのです。

つまり「まとめる力」は「ことばにする力」なのです。ことばにすることで、漠然としたイメージが明確になってきます。イメージが明確になれば、それを他人に伝えることもできます。

「なぜだろう？」と考える人は、「まとめる力」と「伝える技術」を知らず知らずのうちに磨くことができます。

03

「そういうものさ」と考えてしまうのは思考停止

いつの間にか説明できないことが増えてくる！

日本人が漠然としたイメージに従いやすいのは、理屈っぽさを嫌う性分だからです。これは子どものころから親に「なぜ？」をつぶされてきたせいもあるでしょう。

たとえば子どもが大人の話に「どうしてなの？」と口をはさむと、「とにかくそういうものなんだ」と答えてしまいます。これをやられて育って子どもは、社会に矛盾を感じても「そういうものなんだ」で終わりにしてしまいます。論拠を求めない習慣がついてしまうのです。

この習慣が、「まとめる力」を根本から奪ってきました。しかも大人になってもまだ、「そういうものさ」で済ませているケースがたくさんあります。

本人はそこで話をまとめたつもりかもしれませんが、身の回りに説明できないことがどんどん増えているのです。

04 「なぜだろう？」で問題点がはっきりしてくる

すると、何から手をつけるべきかがわかってくる

新幹線の中で、数人のサラリーマンが議論している場面と隣り合わせたことがあります。

話の内容から、本社勤務の人間が地方の自社工場に出張するところのようでした。面白かったのは議論の内容です。彼らは工場の生産性に不満を持っているようでしたが、その不満をぶつけてもしょうがないという前提がまずありました。

「ずっとああいうシステムだし、われわれが口を出しても現場の人間には現場のやり方があるから納得してくれない」

だから生産性をアップさせるのはむずかしいとして、ではどんな解決策があるのかという議論になっていました。たぶん、コストカットや在庫管理などにもいろいろな問題点があったのでしょう。

ところが、そのうち一人のサラリーマンが「なぜですか？」というストレートな疑

問をぶつけ始めたのです。

「なぜ、われわれが現場に口出ししてはいけないのか。なぜ、あの人たちは納得してくれないと決めつけるのか。わたしだったら、とにかく問題提起して話し合うことから始めたいです」

このサラリーマンだけが、ほかの人が「しょうがない」で片づけた問題に「なぜ?」と食い下がったのです。

そのとき、非常に驚いたことがあります。このサラリーマンは流暢《りゅうちょう》な日本語を話していましたが、じつは中国人だったのです。

おそらく日本の大学を卒業して日本のメーカーに就職したのでしょう。それくらい上手な日本語でしたが、論拠を曖昧にしないという点で、やはり日本人とは根本的に違った発想を身につけていました。

議論はそこから噛み合い出しました。それまでは上司と思しき人間が主にしゃべって、ほかの人は相槌を打つ程度だったのですが、どう現場を説得するかというテーマになって、全員が積極的に意見を述べるようになったのです。

05 「上司の意見なら黙って従うのですか？」

「まとめる力」は話に筋を通す力でもある

いまの新幹線での会話で、もう一つ気がついたことがあります。

日本人には定説や常識的な解釈には従う習慣があるということです。

ましてその説や解釈が、自分より目上の人間から示された場合は、まったく疑うことなく受け入れてしまいます。

その場合、相手の意見を丸のみにするのですから、「なぜそうなのか」を自分で説明することができません。「部長がそう言うんだから」でおしまいです。「とにかくやればいいんだろう」でおしまいです。

これは筋の通った論理を持たないということです。

それで他人を説得することができるでしょうか。納得のいく判断や行動を選べるでしょうか。

06 「なぜ？」と問わない人が好かれる日本社会

「まとめる力」がどんどん奪われる

そもそも日本人には「なぜ？」と問わないという美徳（？）があります。ゴチャゴチャ言わないで黙って従う人が好かれるし、ものごとは曖昧なままにしておいたほうが波風が立たないと考えるからでしょう。

実際、相手のことばに「なぜですか？」と問いかける人は煙たがられます。目下の人間にこれをやられると、反抗と受け止める人もいます。

でもやり方はあるのです。たとえば「もう少しくわしく説明していただけますか」とソフトに問いかける。あるいは「わたしは別のことを考えていました」と言って議論を掘り下げる。それもむずかしいようでしたら、**自問自答でもかまいません。**

とにかく「なぜ？」と問わない社会に呑み込まれないように、自分なりのやり方を試してみることです。

07

「なぜ?」と問えば、集中力が高まる

将来を先取りすることも可能になる

現代はあふれんばかりの情報が渦巻いています。テレビや新聞といった巨大メディアだけでなく、インターネットを利用すれば無数の匿名情報と出合うことができます。もちろんその中には真偽不明なもの、憶測や伝聞だけで書かれたものもあるし、たしかに事実だけれど一面的な情報にすぎないものもあります。

そういった無数の情報を、「まとめる力」のない人間が無自覚に受け止めてしまうと、ただ混乱するだけになります。あるいは思い込みが邪魔をして偏った情報だけを信じてしまいます。冷静になって考えれば、マスコミによる世論操作というのは、情報の送り手だけで可能になることではなく、「まとめる力」を失った受け手の存在にも原因があると言えるはずです。

けれどもそういう場合も、「なぜ?」と問うことのできる人間は、少なくとも情報にいたずらに踊らされることだけはなくなります。自分の頭で、「なぜこの時期に?」

とか「なぜこの人間が？」とか問い直す人は、ムードや誇張した数字に惑わされることなく、事件やニュースの背景を考えることができるからです。

これはもっと日常的なケースにも当てはまります。

たとえば、いつもは調整役の上司がなぜか今回の会議では積極的に議論をリードしているとしましょう。

その様子を見て、「部長が張り切っているから任せておこう」と考える社員は、会議の本質を見抜けません。

ところが、「なぜ部長はこの議題に積極的なんだろう」と考える社員は違います。部長がリードしようとしていることから、会社の新しい経営戦略や危機意識が読み取れるかもしれないし、まもなくスタートさせようとしているプランと大きく関わる議題なのかもしれません。

そのことに気づいた社員は、会議への関心が一気に高まります。

「なぜ？」が集中力を高めてくれるのです。

08 「なぜ?」と問うと核心に迫れる

どうでもいい情報にふり回されないコツ

週刊誌の記事などは、見出しがセンセーショナルでも中身は「なあんだ」ということがあります。大きく「スクープ!」とか「極秘情報!」とか出ていても、読んでいけば最後の最後で短い憶測記事が載っているだけだったりします。

しかし読者だってそれぐらいはわかっています。興味のある記事は、すでに知っている部分はどんどん読み飛ばして新しい事実だけを探します。たとえば「△△疑惑」と出ていたらその根拠や証拠となる部分だけを求めます。

これも「まとめる力」です。少しでも興味のある出来事には、いつも「なぜ?」という視点を持ってるから大事な部分に真っ直ぐ迫ることができるのです。

もし、「なぜ?」がなければどうでもいい説明にふり回されて、最後はがっくりするだけです。

09 「なぜ？」があって判断力が鍛えられる

「なぜ？」がない人の判断は甘い

特定の商品がヒットしているときに、「なぜだろう？」と考える人はさまざまな情報を集めます。

実際に購入した人にその商品のメリット、デメリットをたしかめたり、類似商品にもっとコストパフォーマンスの高いものはないかどうか、性能や品質だけでなく使いやすさに問題はないかどうか、さまざまな角度から検討します。

その上で、総合的に判断して自分が買うかどうか決めます。これも「まとめる力」です。しかし「なぜヒットしているか」を考えない人は、「売れている」という理由だけで信用してしまいます。周囲への関わり方がつねに表面的なのです。

したがって、購入したあとでしばしば後悔します。「なぜ？」がない人は、情報を集めて分析し、「まとめる力」がないから判断を誤るのです。

10 「なぜ?」と問わない人は、他人の言いなりになる

誰かに簡単に「まとめられてしまって」いいのですか

「ひな型」については説明しましたが、ここまで読んでおわかりのように、「ひな型」をつくるのも「なぜ?」と問い続ける姿勢になってきます。問題提起も仮説もすべて、「なぜだろう」から始まるからです。

「なぜ?」と問いかければ、それに対する答えを求めなければなりません。答えを求める力は問題を集約する力と同じです。つまり「まとめる力」です。

じつは、子どものころにはあった「なぜ?」と問う力が、大人になるほど弱まっている現実にほとんどの人が気づいていません。「そういうもんだ」が増えるばかりで、「なぜ?」をひたすら面倒に感じるようになっています。

このように、世の中が、誰かの力で簡単に「まとめられてしまう」のはとても怖いことなのです。

11 記憶力だけではこの社会は乗り切れない

「なぜ？」から始まる考える力こそ大切

受験勉強の場合でしたら、たとえば歴史は年号や人物名や事件名を覚えただけでもある程度、点数が取れます。空白のマスを埋めるだけの問題があるからです。

実社会に出るとそうはいきません。ビジネスに要求されるのは全体を把握して問題提起ができ、解決の方法を見いだす能力になります。

「ああいうことがあった」「こういうことがあった」と記憶しているだけでは意味がないのです。

それは勉強にたとえると、歴史上の事件や動きを説明できるということです。いつ・どこで・誰が・何をしたかで終わらせるのでなく、「なぜ、そうなったのか」を説明できるということです。

「なぜ？」を考えられる人が、ものごとの全体像をまとめることができるのです。

12 「なぜだろう？」で相手の心理が読めてくる

他人のニーズをまとめることができるようになる

誰かと話しているときでも、「なぜ？」と問う気持ちは大事です。

たとえばAさんが、「Bさんはいいなあ、仕事にも自信があるみたいだし、みんなに好かれて幸せそうだ」と溜め息混じりにもらします。それをことばどおりに受け止めて、「そうだね、Bさんは恵まれているね」と返事をすれば、Aさんは内心、ガッカリします。

ほんとうは、「あなただって仕事は頑張っているし、みんなも認めているよ」と言ってもらいたいからです。

遠回しでも甘えたい気持ちがAさんにはあります。そのニーズを満たしてあげる人が、他人にとって「わかってくれる人」になります。

そういう場合でも、「なぜ？」という小さな疑問を持てる人は、瞬時に、その人のニーズをすくい取ることができるのです。

13 「なぜ？」は他人と共感する力を生む

「そうだったのか」でわかり合う関係になる

人間関係を考えたとき、「まとめる力」も「伝える技術」もすべて、おたがいをもっとわかり合うために大切になってきます。「わたしの知ったことか」とか、「どう思われたっていいや」と居直ってしまえば、話は自分本意になるし、感情的になります。相手のことばを理解しようという気持ちもなくなります。

そうならないためにも、まず相手のことばをひと呼吸置いて考えるクセをつけてください。

「この人はなぜ、こういうことを言うんだろう？」と考えてみる。自分の気持ちだけ見つめるのでなく、相手のことばに隠されたその人の気持ちにも考えをめぐらしてみる。そんな心がけが大切になってきます。

「そうだったのか」と気づいた瞬間に、相手の気持ちとシンクロすることができます。共感はわかり合うための基本条件なのです。

14

自分にも「なぜ？」と問いかけよう

自己を客観視することは「まとめる力」の基本です

「なぜ？」は他人だけに有効な問いかけではありません。

むしろほとんどの場合、自分に向けられることで「まとめる力」が備わってきます。

「なぜわたしはあんなことを言ったのか」とか、「なぜわたしはカッとなったのか」といった問いかけをしてみると、自分の気持ちを落ち着いて分析することができるのです。

「まとめる力」のない人は、ほとんどの場合、他人への「なぜ？」はもちろん自分に対しての「なぜ？」も忘れています。取り乱しても怒っても、すべて感情に任せるままです。時間が経てば忘れてしまい、また同じことを繰り返します。

けれどもそこで、自分への「なぜ？」を問いかけ、その答えを出そうとする人は、自分を客観視しようという気持ちを取り戻せます。自分の気持ちをまとめられない人には、どういう意味でも「伝える力」が備わることはありません。

たとえばあなたが、他人と議論していて、どこかで冷静さを失って感情的になったとします。

それはあなたらしくないことなのですが、かならず原因があるはずです。

自分でも気にしていることを突かれてしまった。

同調してもらえると思ったのに反論された。

バカにされたような感じがした。

なんでもいいです。とにかくあまり素直に認めたくないことがあって、そのことを自分に問いかけるのもイヤになるときがあるはずです。

そういうときにはあまり深刻にならないでください。

苦笑いしながらでいいから、「なぜ、あんなに怒っちゃったかな」と問いかけてみてください。答えはすぐに出ますね。「ちょっと格好悪かったな」と認めるだけでいいのです。

そういった自分を客観視する気持ちが大事です。そこから次第に冷静さが備わってきます。

「まとめる力」は自分を客観視できることが前提になってくるのです。

15 オリジナリティは「なぜ？」から生まれる

素人の「なぜ？」を恥ずかしがらないこと

ニュートンはリンゴが木から落ちる様子を見て万有引力を発見したと言われます。このエピソードを疑う人もいますが、そんな疑いは意味のないもので、大事なのはニュートンがありふれた現象を見て「なぜ？」と考えたというエピソードのあり方でしょう。

リンゴが木から落ちるのは当たり前。誰も「なぜ？」とは考えません。けれども、偉大な発見や発明はしばしば、ありふれた現象に「なぜ？」を持ち込んだときに生まれているのも事実です。

わたしたちは科学者でも発明家でもありませんが、だからこそ素人っぽい「なぜ？」を問うことができます。自分の「ひな型」をつくるときにも、相手に質問するときにも、

素朴な「なぜ？」をはさみ込むこと。そこからオリジナリティが生まれてきます。

第6章

「インターネット」や「交渉ごと」に強くなる

01 インターネットは便利だけど……

コピー&ペーストだけではまとめたことにならない

パソコンの基本操作に「コピペ」と略称されるものがあります。コピー&ペースト、つまり情報をコピーしてそのままペースト（貼りつけ）するだけの操作です。

おそらくみなさんも、何かの文書を仕上げようとするとき、データや情報のはさみ込みには、このコピー&ペーストが便利なことをご存知だと思います。文章だけでなく、数値や専門用語や人名も間違えることなく引用できます。

けれどもこれを繰り返していくと、情報は瞬時に膨大な量となってしまいます。少しでもわからない用語があれば、インターネットで検索して「コピペ」。「コピペ」した中に不明な情報が混じっていればまた「コピペ」。

かりに正確な情報だとしても、自分が書きたいことは、まとまるどころかさらに拡散してしまいます。

02 「コピペ社会」には危うさがある
「なぜ?」と問う力が奪われていく

「コピペ」はたしかに便利な操作ですが、情報を丸ごと受け止め、丸ごと取り込む作業です。

しかもインターネットは無数の人間が利用していますから、「コピペ」でたちまち同じ情報がそのまま共有されることになります。

検索エンジンで何かの用語を調べたときに、どのサイトにも一字一句違わない説明があって驚かされますが、「コピペ社会」というのは徹底的に均一化された社会ということもできるはずです。

問題は、「まとめる力」や「伝える力」を考えたときに、ここまでに書いてきたような自分なりの工夫や「ひな型」、「なぜ?」と問う力、あるいはまとめるためのさまざまなトレーニングが「コピペ」によって奪われてしまうかもしれないということです。

03 インターネットは受信に偏りがち

もっと身近な〝送受信〟のチャンスを思い出してください

いきなり「コピペ」の話を始めたのには理由があります。「まとめる力」は同時に「伝える力」でもあることを理解してもらいたいからです。「コピペ」で「まとめる力」を失ってしまうと、「伝える力」もどんどん消えてしまうからです。

そもそもインターネットは送受信可能なメディアです。最近はブログのように自分から送信（発信）する形式も増えていますが、それが一方的な発信で終わったり、コピペした情報をそのまま流すだけのケースも多いようです。

つまり、大部分の人にとってインターネットはまだまだ送受信機能が使いこなされていません。それに比べれば、

人と人の関係は直接、ことばのやり取りが生まれます。相手の話をまとめ、自分の意見をまとめなければいけません。瞬時の送受信がいつでも可能なのです。

04 生身の人間はそれだけでたくさんの情報を与えてくれる

それが「まとめる力」を鍛えてくれる

人と会う。あるいは目の前の人間と話す。

たったこれだけのことでも、わたしたちは膨大な情報を処理しなければなりません。会うためにはさまざまなプロセスがあるし、目の前の人間にもさまざまな情報がありますo おたがいの立場があって、表情や態度や雰囲気があります。

さらには直接のことばのやり取りがあります。感情も入り込むし、ビジネスの場合にはおたがいの胸のうちを探り合うこともあります。

いずれにしろ、生身の人間と向き合うことはインターネットで受信する情報量の比ではありません。

拡散する情報はインターネットが多いかもしれませんが、まとめなければいけない情報は生身の人間のほうがはるかに多いのです。

05 人と話すことこそ「まとめる力」のトレーニング!

そのとき「伝える力」も同時に磨かれていく

ですから、「まとめる力」は人と人の関係が育ててくれると考えましょう。

そして誰でも、本音を明かせばそれがいちばんむずかしいと認めるはずです。

目の前の人間は言うことを聞いてくれません。自分の言いたいことばかりどんどん通そうとします。

話もまとめてくれません。あっちに飛んだりこっちに飛んだりします。

でも、それはこちらも同じです。相手を理解するより先に、自分の考えや気持ちをまずわかってもらいたいと考えます。

だからトレーニングなのです。

どうまとめ、どう伝えるか。それがリアルタイムで進行していく面白さが、人と人の関係にはつねに潜んでいます。

06 あなたの話を聞いてくれるのは誰ですか？

そこに気づくことが大切です

かりにあなたに、仕事の上での不満や人間関係の悩みがあったとします。

そのことを誰かに相談しようと思えば、まずあなたの話を親身になって聞いてくれる人を選ぶはずです。

その人はべつに、力のある人とはかぎりません。たとえ上司でもろくに話を聞いてくれないような人には相談しません。実際にあなたの悩みや不満を解決する力（権限）はなくても、その悩みや不満を理解してくれる人に相談します。黙って聞いてくれ、共感してくれる人が嬉しいのです。

そして現実に、「こうすればどうかな」とか、「わたしはこうやってきたよ」とか提案してくれるのも、そういった、あなたの話をわかってくれる人です。なぜかそうなります。

07 まとめ上手は聞き上手

「この人が求めているのはこんなこと」と受け止められるか

わかってくれる人が、悩みや不満を和らげてくれる。解決できなくても、相談したことで気持ちを楽にしてくれる。なぜだと思いますか。

わたしはここでも「まとめる力」を挙げます。その人には、とりとめのないあなたの話を聞いて、「こういうことが言いたいんだな」と大事な部分を汲み取る力があるからです。あなたのメッセージの核心をつかんでくれるのです。

すると、話しているうちにあなたも自分の気持ちが整理されて、「ああ、わたしの不満はここにあったのか」と理解します。それによって、それまでのモヤモヤしていた気持ちがずいぶん楽になってきます。もうおわかりだと思いますが、精神科医のカウンセリングも同じです。

相談者の悩みを解決するのでなく、わかってあげることで楽にしてあげるのです。

08

「まとめる力」は共感能力を育てる

コミュニケーションは「まとめる力」から始まるのです

自分の気持ちをうまくことばに表せない。あるいは言いたいことがうまく相手に伝わらない。こういったことは、たんに表現力や論理性の有無の問題と思われがちです。でも違うのです。コミュニケーションの場はつねに、相手の言いたいことを理解し、その上で自分の意見や感じたことを言うという、いわば相互通行の場です。

そのことを忘れた人が、しばしば自分がわかってもらえないことに苛立《いらだ》ちます。自分の考えや気持ちをうまく言い表せない人は、それ以前の問題として、しばしば相手の言うことを理解していません。一部分だけ誇大に解釈したり、ことばの上っ面だけをなぞったり、感情的になったりします。

つまり、相手のことばを「まとめる力」のない人は、自分の気持ちを伝える力も備わらないのです。

09 最初に悪感情を持ち込まない

「まとめる力」も「伝える力」もなくなってしまう

わたしたちは好きな人の話は一生懸命に聞きますが、嫌いな人の話は頭を素通りしていきます。

好きな人には自分の意見や気持ちをていねいに伝えようとしますが、嫌いな人にはぶっきらぼうになってしまいます。

べつにわかってもらえなくてもいいやと考えてしまいます。

つまり、相手に対して悪感情を持ってしまうと、「まとめる力」もなくなるし、「伝える力」もなくなります。

これは、「まとめる力」や「伝える力」が感情のあり方と大きく関係しているということです。もめごとや交渉の場などで、悪感情にとらわれたまま相手と向き合うと、結局、ケンカ別れになるのもそのせいです。

10 「クレーム」を「難クセ」と感じるのはどんなとき？

相手に悪感情を持っているときです

同じクレームでも、それを誰から言われたかで反発したり反省したりします。反発と反省は大違いです。

その場合も、いま言った悪感情が関係してくることは事実なのですが、もう一つ、相手への先入観も判断を誤らせます。たとえば「あの人は神経質だ」とか「形式的だ」と思っている上司から、報告書の記載漏れを指摘されると、「やっぱり来たか。どうせ細かいところを突いてくると思ったんだ」と受け止めます。「難クセ」に感じるのです。

逆に「大ざっぱだ」と思っている上司から細かいミスを指摘されると「あ、これはマズイな」と素直に反省します。

じつはどちらもあなたの仕事に対する「正しい指摘」なのですが、相手への先入観が受け止め方を変えてしまうのです。

11 「誰が言ったか」ではなく「何を言ったか」が大事

人の話をちゃんと聞いていますか？

わたしたちは相手によって「聞く耳」を持ったり持たなかったりします。出世志向の強い人間は、上司の話は聞いても部下の話は聞きません。それと同じように、わたしたち自身も、自分よりキャリアの浅い人間や反感を持っている人間、価値観や人生観の異なる人間の話にはあまり耳を傾けようとしません。

つまり、すでに「聞く耳」を持たないのですから、たとえ向き合って話していても、相手の考えを理解しようとかまとめようという気持ちがありません。

でもこれをやっているかぎり、情報の幅は狭まり、考え方は固定され、自分の判断に固執するだけになります。すべて「まとめる力」を妨げるものばかりです。

大事なのは「誰が言ったか」ではなく「何を言ったか」。

人と話すときの基本です。

12 セールスも交渉ごとも楽しんでしまおう

人とことばでやり合うことが「まとめる力」のトレーニング

「まとめる力」のない人は、セールスマンと向かい合うことや、交渉ごとが苦手です。「なんだかうまく丸め込まれそう」と考えてしまうし、実際にそうなってしまいます。

けれども、欲しい商品やサービスがあって、それを購入したいと考えればセールスの人間と話し合う必要があります。自分の要望と相手の要望に食い違いがあるときには交渉しなければなりません。

そういう席に、苦手だからと消極的な気持ちで臨んでしまうと、いつまで経っても損ばかりします。

ここはぜひ、楽しもうという気持ちになって臨んでみてください。

「まとめる力」のトレーニングだと思えば、実際、楽しめる場所には違いないのです。

13 メモと「ひな型」はここでも大切

雰囲気に流されないための作戦を立てよう

交渉ごとを苦手とする人は、ここまでにも書いてきましたが、自分の立場を明確にできなかったり、最初に「イエス」「ノー」をはっきりと口にできないタイプです。

そこで、前章までに説明してきたように、メモと「ひな型」を最大限に活用してください。自分はこれだけは譲れないという一線や、これだけは確認しておきたいという項目をメモにして、相手に見えてもかまいませんから、そのメモに従って順次、話を進めます。「やりにくいな」と相手は思うでしょう。

「これは簡単に言いくるめられないな」とか、「そっちがそういうつもりなら、こっちもムダ話抜きで話し合おう」といった気になるはずです。

でもそのほうがいいのです。やり取りが事務的になったほうが、曖昧な部分がなくなります。おたがいに論点が嚙み合いますし、一致点が見出せない部分は飛ばしても、合意できる部分で合意すればいいのです。

どうしても合意できない部分は機会を改めて話し合えばいいし、いったん時間を置けば譲れる線が見えてくることもあります。
いままでは、とにかく肝心な話もできないままに、なんとなく相手の都合に合わせてしまった。そういった苦い経験を持つ人でしたら、メモを用意するだけでかなり満足できる結果が出るはずです。

「ひな型」は自分の論拠を明快に説明させてくれます。まず結論を言い、その理由を言う。

そんな簡単な「ひな型」であっても、感情的なやり取りを最低限に抑えてくれる効果がありますから、たとえ立場が上の人間に対しても自分の意思表示をすることができます。これをやれば、相手も単刀直入な話しぶりになるでしょう。立場が上の人間でしたら、恫喝《どうかつ》や威圧は通用しないみたいだなと思ってくれるでしょう。
そのときあなたにとって大事なのは、交渉を冷静に楽しむ気持ちです。自分の「まとめる力」のトレーニングと割り切って、淡々と臨む気持ちになってください。

14 なぜセールスのトークに引っかかるのか？

相手は自分にマイナスの話は絶対しない！

今度はセールスで考えてみましょう。

といっても、セールスの人間と向き合うことも交渉ですから、基本はいま述べたことになります。

ただ、購入する立場はどうしても情報の受け取り手になってしまいます。ここにどうやら、ポイントがありそうです。

セールストークに引っかかりやすい人は、相手が提供する情報を丸ごと受け止めてしまいます。セールスマンは自分が売ろうとする商品やサービスの不利な点は口にしませんから、どんなにていねいに説明されても、ほとんどが「売る側」にとって有利な情報だけなんだということに気がつきません。

たとえば車のセールスでしたら、性能はもちろん、価格もデザインも装備も運転のしやすさも、それから燃費のよさや安全性もすべてすぐれているように説明します。

もちろん現実にはそんな車が存在するわけはなくて、価格が安ければそれなりに性能や装備は劣るし、逆に性能や装備が充実していれば価格は高くなって当然です。

けれどもそのことははっきり説明しません。少なくとも、「これだけの装備ですから値段は当然、高いです」といったストレートな説明はしません。

あるいは、「この値段ですからこの装備は仕方ありません」といった「ぶっちゃけた話」はしません。

やっぱり、「この装備を考えるとこの価格はお得です」とか「このクラスでこの価格は他社より断然、お得です」とかいった言い方になります。

そこで買い手は、「そうか、価格的にも損はないのか」と受け止めてしまいます。

ここが間違いなのです。たとえば装備やオプションにこだわりがあって、その車を購入することをためらっていても、価格のメリットが判断を狂わせてしまいます。

すると、購入したあとで不満が生まれます。「もっと高くてもいいから、違うメーカーの充実した装備の車を選ぶんだった」と後悔するのです。

15

自分がいちばん欲しい情報にマトを絞れ

セールスマンとやり合うコツ

いまの話をもう少し続けてみます。

あなたがもし、購入する商品の価格にこだわっているのでしたら、装備や性能の説明が不要な情報になります。車の場合でしたら、いまどきの車はどんなに価格が安くても最低限の装備や性能は備えています。

もちろん高級車に比べれば不満はあって当然ですが、そこに引っかかるとやっぱり判断を誤ってしまうのです。

かりに価格にこだわっている人が、「予算オーバーだ。どうしようか」と迷ったとします。

するとセールスの人間は、今度は性能や装備のメリットを言い出します。

「少々、ご予算をオーバーしてもこの装備ですから。絶対、お得ですよ!」

そして、充実した装備の説明をいろいろ始めるはずです。聞いているうちに、「うーん、たしかにこれだけ整っていれば気持ちいいだろうな」と考えます。

けれども、価格にいちばんのメリットを感じていたのでしたら、この展開はまずいのです。そこで、「予算オーバーだなあ。もっと装備を簡単にして、こちらの予算に合わせた購入方法はないのかな」。そう切り出せば、かならず役に立つ情報が引き出せます。

同じ車種の中でグレードをワンランク下げる。不要なオプションを取り外して見積りしてみる。あるいは違う車種の中からこちらの要求を満たす車を選ぶ。あるいは値引きの交渉に応じる場合もあるでしょう。

つまり売る側にはたくさんの情報があっても、まず提示してくるのは自分たちにとって有利な情報なのです。

その情報の陰に、こちらにとっての有利な情報がかならず隠されています。

それを引き出すのが、セールスマンとのやり取りの楽しさです。不要な情報はパンフレット一枚あれば十分です。

16 自分を「カリカチュアライズ（漫画化）」してみよう！

いつも冷静でいられるコツ

交渉の場にかぎらず、自分の考えや要望をまとめるためには、冷静でなければいけません。「まとめる力」は自分自身の気持ちにも向けられるべきでしょう。

とくに交渉ごとの場合、どんなにこちらの要求を冷静にまとめたとしても、相手も冷静に対応してくれるとはかぎりません。場合によっては、相手が感情的になってしまってこちらの「まとめる力」をぶち壊しにかかることもあります。

でも、そこで相手に合わせてしまったら話はまとまりません。そもそも、一切のコミュニケーションが成り立ちません。

そこで、どういう場合でも可能なかぎり自分だけは感情的にならないこと。そんな心がけも「まとめる力」には大切になってきます。

そのためには、つねに自分を一段高いところから見下ろす気持ちを忘れないでください。いまの自分の心理や状況を、できるだけ客観的になって観察してみることです。

そのとき面白い方法があります。自分の観察なんて深刻にやってもどうせ疲れるだけですから、思い切り遊んでみることです。

大胆に「カリカチュアライズ（漫画化）」して自分をまとめてみてください。

つまり、短いフレーズで漫画チックに自分の心理や状況をまとめてみるのです。たとえば課長に説教されてつい、感情的な反論を試みたくなったとします。

そういうときは、「ネチネチやられてマジ切れ寸前状態」とでもまとめましょう。

同僚の自慢話につき合わされてイライラしているときは、「最近、成績上がらないからひがみ指数80状態」とでもまとめてみましょう。

自分の心理や状況をまとめるのは、やってみればけっこう、面白いのです。苛立っている自分をからかうような気持ちになったとき、スッと気持ちが楽になるのも事実です。そういったことがわかってくると、相手の表情や気持ちにも敏感になります。他人とコミュニケートする力が着実についてくるはずです。

17 「交渉ごと」は5分聞いて3分話す気持ちで

相手の話を聞きながら、要点をまとめておこう

交渉ごとを自分に有利に運ぼうとすれば、どうしても口数が多くなります。たくさんしゃべったほうが勝ちと考えがちです。

けれども論点が噛み合わないかぎり、いくらしゃべってもムダです。有利なつもりでも実質的な成果は何も引き出せなかったり、言質を取られて不利になる場合すらあります。

それよりむしろ、「5分聞いて3分話す」気持ちのほうが大切です。

相手の話を聞きながら要点をまとめ、矛盾点や不明なところを問いただし、つねにこちらの目的から外れないように話を進めてください。

どんなに相手がまくし立てても、こちらがひとこと「ノー」と言えば済むのですから、あわてなくてもいいのです。

「言いくるめるのは無理か」と思わせればしめたもの。自分のペースに持ち込めます。

第7章

「わかりやすさ」を心がけて「まとめる力」を鍛えよう

01 早く「落としどころ」を見つけること

そんな「まとめる力」のある人が周りを納得させる

わたしたちはそれぞれに自分の意見を持っています。要求や満足の度合いも違うし、仕事のやり方でもそれぞれに考えがあります。

けれども同時に、組織や集団にはまとまりがなければなりません。価値観や考え方の違う人間がどんなに集まっても、ある一致点を見いだしてそれに従わなければなりません。

そのとき、どこに一致点を見いだすかというのが「まとめる力」のある人間の役割になってきます。

これは簡単ではありません。

みんな自分の言いたいことは言おうとするし、対立する意見は否定しようとします。相手の話を聞くより、自分の話を聞かせることに熱中します。

でも、そういう状態が何時間続いても話はまとまりません。まとまるためには、

「まとめる力」を持った人が「まとめよう」としなければいけないのです。

そのためには、雑多な意見を整理する能力と、誰もが納得できる「落としどころ」を見いだす能力が必要になります。どちらの能力も「まとめる力」です。

たとえば、「彼が求めているのはこのあたりだな」「彼女が譲れるのはこのへんだな」といった見方でみんなの話を聞いていく。すると、「このあたりでまとまりそうだな」というプランや提案が固まってきます。

それは全員の考えと共通する部分がありますから、たとえ細部に不満は残ってもわかりやすいプランなり提案なりになっています。「ああ、それならわたしにも役どころがありそうだな」と、自分なりのイメージをつかみやすいのです。

つまり「まとめる力」のある人は、バラバラのニーズの中から共通する部分を選んで、全員を納得させる力を持っているのです。

それが、この人のプランや提案の持つ「わかりやすさ」の秘密になってきます。

02 スピードが要求される時代

リーダーには「わかりやすさ」が欠かせない

ビジネスでも政治の世界でも同じですが、かつてのリーダーにはわかりにくいところがありました。はっきりしたビジョンを平易なことばで示さず、側近のことばに「うん、うん」とうなずくばかりで、それでいて丸っきり違うことを考えている。そんな雰囲気がありました。

したがって、そういう時代は、部下はリーダーの気持ちを「読む」ことに苦心しました。態度や表情をうかがい、ことばの裏を読み、真意をはかりかねていました。

しかし現代ではそれは通用しません。わかりにくいリーダーは、組織や集団の意思決定を遅らせます。

スピードを要求される時代にあって、わかりやすいビジョンやプランを示してくれるリーダーでなければ、全員の行動に弾みがつかないのです。

03 わかりにくいとどうなるか？

結局、「ことなかれ主義」に戻ってしまいます

わかりにくいリーダーのもとでは、部下の判断や行動にも迷いが生まれてしまいます。

「ここはこのやり方がベストなんだろうけど、わたしの一存で決めていいのだろうか」

そんな不安を持てば、たとえリーダーが「任せる」と言ってもためらいます。失敗すれば自分の責任になることは予測がつくからです。

すると結局、前例踏襲になります。ベストでないとわかっていても、いままでのやり方に従うしかありません。

そういう判断が組織に広がったときに、お役所的な「ことなかれ主義」が生まれます。職場全体に活気がなくなるのです。

わかりにくいリーダーは、組織をまとめることすらできないのです。

04 「とにかくやってみよう」と言える人がいい

そこからすべてが始まります

「わかりやすさ」は「まとめる力」には欠かせません。たとえば小さなグループでも、一つにまとまるのはわかりやすい提案があったときです。会議でさまざまなプランが出され、結論が出ないときでも、リーダーが「とにかくこのプランでやってみよう」と言い出せば決着します。

やってみて失敗したら、軌道修正したり別のプランに変えればいいのです。「まとめる力」は最終的には実行することでしか有効にならないのですから、仮説を検証することが第一歩になります。

それに、「やってみよう」と言える人は朗らかです。腕組みするのは調整役でしょう。リーダーには朗らかな実行力がなければいけません。

05 リーダーの資質とは？

「この人に任せれば解決してくれる」と思わせる人

リーダーには「まとめる力」も「伝える技術」も欠かせません。

部下の要求をまとめ、それを自分の考えに取り込み、「これならついてくるな」という**決着点を見つける力**。

さらにはその決着点を、わかりやすいプランやビジョンで伝えることのできる力。

その二つがあって初めて、周囲の信頼を勝ち取ることができます。

そういうリーダーには、誰の目にも問題解決能力が備わっているように見えます。

複雑にこじれた問題も、頑固な抵抗勢力も、調整のむずかしい意見のぶつかり合いも、この人なら解決してくれるだろうと思わせてくれます。だからリーダーが務まるのでしょう。

「まとめる力」は包容力にも通じてくるのです。

06 よいリーダーはなぜか聞き上手！

「まとめる力」のある人は「受信能力」が高い

ここではリーダーということばを使っていますが、かならずしも組織の上に立つ人間を意味するものではありません。もっと広範囲に、さまざまな場面でリーダーシップを発揮できる人間、他人の信頼を集める人間と考えてください。

そういった人たちに共通するものに、「聞き上手」があります。みんなに信頼される人は聞き上手な人なのです。

わたしたちは、ともすれば、リーダーの条件に発言力を挙げてみたくなります。信頼される人はみんなを引っ張っていく人。そういう人には強い発言力がなければならないと考えがちです。

でも違うのです。前の章でも書いたように、送信と受信はセットになっています。みんなを納得させる発言には、みんなのことばを受信する作業が欠かせません。さまざまな人間の情報を受信することで、グループ全体が共感できるプランやビジョンを送信することが可能になります。

聞き上手な人に対してなら、わたしたちは安心して話すことができます。口下手な人、恥ずかしがり屋の人も、「わたしはどうしたんだろう」と思うくらいについ、話し込んでしまいます。

そうなってしまうのは、聞き上手な人がどんな話にも興味を持ってくれたり、同じ立場になって考えてくれたり、うまく言えないことを「こういうことなのかな」とまとめてくれるからでしょう。

「わたしの言いたいことがわかってもらえている」と思うだけで、話すほうは心を許してしまいます。わかってもらえると安心すれば、とって置きの情報も教えたくなるし、自分がくわしい分野はていねいに説明したくなります。

「この人なら解決してくれる」と思わせるのは、そんなリーダーの持つ情報量への信頼と、自分をわかってくれたことで生まれる共感があるからです。

07

「起承転結」はかならずしも実用的ではない

わかりやすい話はむしろ「起・結・承・転」になる

テクニックとしての「わかりやすさ」にふれましょう。

ストーリーを語る場合にはたいてい、「起承転結」が流れの基本になります。

「起」はストーリーの始まりです。昔話でしたら、「あるところに、おじいさんとおばあさんがいました」というのがたいていの語り出しです。

「承」はストーリーの展開になります。

「おじいさんは山に芝刈り、おばあさんは川に洗濯にいきました」というのが展開です。

「転」はそこからストーリーが大きく動く部分です。「承」でゆったりと展開した話が、ここで急展開します。読者は「アレ?」と思います。

「ある日、大きな桃が川から流れてきました」という部分です。事件が起きたのです。

最後は「結」です。「大きな桃を割ると、元気な子どもが出てきました」という部分です。昔話の『桃太郎』はここから長いストーリーになるのですが、「起承転結」について簡単に説明すればこういった具合になります。

しかし現実には、とくにビジネスの場ではこんな説明をする人はいません。それも当然で、何より結論が重視されるからです。

たとえば報告書やレポートは、冒頭で問題提起やテーマ設定をします。現状を分析して何が問題かを指摘します。

つぎは結論に持っていったほうが非常にインパクトが強くなります。業務の効率化がテーマなら、「会議は始業前に行なう」という結論をぶつけてしまいます。

つぎにその理由を説明します。これは「起承転結」の「承」にあたる部分です。

そして最後に、結論を実行するにあたっての方策や課題を出席者にぶつけます。話を転じて問題意識を提起することになります。

このやり方が、「わかりやすい」人がいつも心がけているパターンではないでしょうか。

「起・結・承・転」、つまり「きけつしょうてん」のパターンです。

08 聞き手に「わたしだったらどうするか」と考えさせる

体験を共有させるコツ

いまの「起結承転」は、じつは「わかりやすさ」を心がける人がふだんの会話でも実行しているケースが多いのです。

話のわかりやすい人は、とにかくこちらの興味を惹きつけてくれます。「何が始まるのか」と思わせ、グイと惹き込まれます。これは、**事件や出来事を順を追って話すのではなく、いきなり結末から話すことが多いからです。**

「じつはひどい目に合いました」といった切り出し方です。

それでつい惹き込まれると、あらましを説明してくれます。これは「承」の部分です。そして、「あなただったらどうしますか」といった問題提起もしてくれます。

「そうですねえ、わたしだったら……」で、一つのイメージを共有できることになります。

09 対話型の話の進め方が「わかりやすい」

話の小さな区切りに「どう思う？」と聞いてみる

話のわかりやすい人は、かならずしも理路整然としているわけではありません。レポートや論文といった、長い文章にまとめる必要がある場合にはきちんとした論理展開が必要になりますが、現実的に考えれば**わかりやすさは相手と向かい合ったときにこそ必要となってきます**。

その場合も、片方がいくら理路整然と話しても、相手が興味や共感を持たなければやっぱりわかりにくい話になってしまいます。ここでも惹き込む力が必要なのです。

そのためには、一気にまとめて話そうとするよりも、パートに区切って相手に投げかけ、それを相手も一緒になって考えるという対話型の話の進め方が有効になるはずです。

一つ区切って、「どう思う？」と問いかけるような方法です。

10

相手の反応を見ながら話を進めよう

話の「わかりにくい」人は、相手の反応を気にしていない

話のわかりにくい人は、相手の反応にあまり注意しません。興味のなさそうな顔をされても、自分の言いたいことを言い切ってしまおうとします。すると、聞いているほうはついていけません。「この人の話はいつも長いけど、そのわりに印象に残らない」ということになります。

話のわかりやすい人は、「さわり」の部分だけ話して相手がそれほど興味を持たないようなら、サッと切り替えてくれます。

「それができるのは機転の利く人だ」と思うかもしれませんが、相手の反応に注意していなければできません。「あ、面白くないね」でもいいのです。とにかく独りよがりに陥らないこと。

その心がけを持つだけでも、「わかりやすさ」のコツが飲み込めてくるはずです。

11 聞き上手にはコツがある

相手の心理を的確につかめ！

「信頼される人は聞き上手」という話をさっきしましたが、補足しておきたいことがあります。

それは、相手の話を「まとめる力」には、たんに文脈を理解する力があるだけでなく、相手が「なぜそういうことを言うのか」という心理的なニーズをつかむ力があるということです。

この心理的なニーズをつかめない人は、相手のことばをそのまま額面どおりに受け止め、「つまりこういうことを言いたいんだな」と理解して終わってしまいます。

単純な意味での「まとめる力」はあるかもしれませんが、相手は「わかってもらえた」とは思いません。「そうじゃないんだけど」という不満が残ってしまうのです。

12

「わかってもらいたい」と「わかってあげたい」

よい人間関係の基本です

アメリカの精神分析学者コフートは、人間には誰でも三つの基本的な心理的ニーズがあると唱えました。その三つのニーズが満たされたときに、人は相手を好きになったり、自分がほんとうに理解された気持ちになると考えたのです。

わたしたちが誰かと話をしているときには、根本に「自分をわかってもらいたいという気持ち」があります。その気持ちがない人は、他人とコミュニケートする気持ちすら持たないのですから、ここまではみなさんも納得できると思います。

そして自分を「わかってもらえた」と感じたときに、相手に対して好感を持ちます。相手のことを「わかってあげたい」と思うのです。

そんな気持ちになったときに、相手のことばに真剣に耳を傾けます。だから、わかってやれるのです。

13 コフートの三つのニーズって何？

「ほめられたい」「頼りたい」「同調してほしい」が大切

コフートの唱えた三つのニーズとは**「ほめてもらいたい気持ち」「頼りたい気持ち」「自分に同調してもらいたい気持ち」**です。心理学的にはそれぞれ、堅苦しい名称がつけられていますがそれは省きましょう。

この三つの気持ちは誰にでもあります。人と話しているとき、何かを打ち明けているとき、相談や報告をしているとき、とにかくどんな場面でも、この三つの気持ちが複雑に絡み合って心理的なニーズになっています。「複雑」というのは、その人によってそれぞれのニーズの度合いが異なっているからです。

ともあれ、人間の心理を学ぶことは「まとめる力」の大きな助けとなります。

論理だけでは解決できない一面が、人間の心にはあるのです。

14 「あの人の言うことはよくわかる」と言われるには

「わたしにはわからない」はどこから来るか？

たとえばプライベートな話題を上司が口にしても、部下の受け止め方はさまざまです。

「最近、娘がさっぱり口を利いてくれない。男なんて淋しいもんだ」

そんなたわいのない話でも、独身の部下は「わかるなあ」と感じたり、「全然、わからない」と素っ気なかったりします。

そういう場合でも、「わかる」という部下は上司の気持ちをわかろうとしているからわかるのです。「わからない」という部下は、上司の気持ちなんか（仕事に関係ないのですから）わかりたいとも思っていません。その違いも、自分の心理的ニーズが満たされているかどうかにあります。日ごろのことばのやり取りで、ニーズが満たされている部下は上司のことばがわかってしまいます。

つねに共感する気持ちがあるからわかるのです。

15 「どうして自分のことがわかってもらえないんだろう」

この悩みは克服できる！

この本では、ここまですべて、わたしなりに「わかりやすさ」を心がけて書いてみました。

「まとめる力」もそうなのですが、わたしたちは意識して心がけるだけで、いまの自分とはずいぶん違った自分になることができます。

特別な勉強もいらないし、特別な知識もいりません。ただ、こうなりたいと心がけるだけで変わってくるものがたくさんあるのです。そのことも説明したくて、「まとめる力」をテーマにわたしなりに考えていることを整理してみました。

そして最後に思い出していただきたいのは、最初にも説明しましたが、わたしたちは「まとめる力」を鍛えるチャンスがないままに現在に至っているということです。

ほとんどの人が、自分の「まとめる力」のなさに気がついていても、それを性格的な問題にすり替えたり、知識のなさや勉強量の不足のせいだと思い込んでいます。

でも違うのです。

ただたんに、わたしたちは学校でそのトレーニングを受けてこなかっただけなのです。

その意味では、「わたしはどうしてうまく言えないんだろう」とか、「どうしてわかってもらえないんだろう」といった気持ちからこの本を手に取ってくださった方は、十分に自覚があることになります。

きっと何かのコツや方法があるはずだと思っているからです。

それでしたら、「まとめる力」は今日からでもトレーニングすることができます。

その方法に困ったときには、この本をどの章からでもいいですから、開いてみてください。いつもそばに置いてもらえれば、きっと役に立つと信じています。

本書は２００８年に新構社より出版された
『自分の考えを「５分でまとめ」「３分で伝える」技術』の文庫化です。

和田秀樹（わだ ひでき）
1960年大阪府生まれ、精神科医。東京大学医学部卒業後、東京大学付属病院精神神経科助手、アメリカ・カールメニンガー精神医学校国際フェローを経て、現在エグゼクティブ・カウンセリングを主とする和田秀樹こころと体のクリニックを設立し、院長に就任。国際医療福祉大学大学院教授。一橋大学経済学部非常勤講師（医療経済学）。川崎幸病院精神科顧問。老年精神医学、精神分析学（特に自己心理学）、集団精神療法学を専門とする。著書は『大人のための勉強法』（PHP研究所）、『人生の9割は40代で決まる』（KADOKAWA）など多数。

中経の文庫
自分の考えを「5分でまとめ」「3分で伝える」技術

2013年 5 月29日　第1刷発行
2018年 4 月 5 日　第27刷発行

著　者　和田秀樹（わだ ひでき）
発行者　川金正法
発　行　株式会社KADOKAWA
〒102-8177 東京都千代田区富士見2-13-3
03-3238-8521（カスタマーサポート）
https://www.kadokawa.co.jp/

DTP キャップス　印刷・製本 錦明印刷

落丁・乱丁本はご面倒でも、下記KADOKAWA読者係にお送りください。

送料は小社負担でお取り替えいたします。

古書店で購入したものについては、お取り替えできません。

電話049-259-1100（9:00〜17:00／土日、祝日、年末年始を除く）

〒354-0041 埼玉県入間郡三芳町藤久保550-1

ISBN978-4-04-602516-6　C0134